EMILIANO TARDIF
José H. Prado Flores

Jesus lebt

VIER-TÜRME-VERLAG, MÜNSTERSCHWARZACH

Übertragen aus der spanischen und französischen Ausgabe von J. Winkler

Tardif, Emiliano:
Jesus lebt / Emiliano Tardif. [Übertr. aus d. span. u. franz. Ausg. von J. Winkler]. – Münsterschwarzach : Vier-Türme-Verl., 1988
Einheitssacht.: Jesus esta vivo ‹dt.›
ISBN 3-87868-368-5

Imprimatur:
Nicolas de Jesus Lopéz
Erzbischof von Santo Domingo
30. Mai 1984

Originalausgabe: „JESUS ESTA VIVO"
Publicaciones KERYGMA, 1984, México
13. Auflage 1999

Gesamtherstellung: Benedict Press, Münsterschwarzach
ISBN 3-87868-368-5
Umschlagfoto: Br. Alfred Engert

Inhalt

Einführung

Wir können nicht schweigen von dem, was wir gesehen und gehört haben. Es ist recht, würdig und notwendig, die Stimme zu erheben und der ganzen Welt einige der Wunder zu berichten, die der Herr in den vergangenen zehn Jahren getan hat.
Diese Buchseiten sollen den Lobpreis und die Danksagung all jener zum Ausdruck bringen, welche auf die eine oder andere Weise während des Evangelisations-Dienstes Gottes Zeichen und Wunder erfahren durften und Heilungen an Geist und Seele empfangen haben.
Der Inhalt dieses Buches stellt kein Buch im üblichen Sinne sondern eher ein Zeugnis dar. Bevor das Evangelium niedergeschrieben wurde, wurde es verkündigt und sogar erlebt. In diesen Buchseiten hört man – wie das Schlagen eines Herzens – die Verkündigung dessen, der evangelisiert. Wir können seine Stimme beinahe vernehmen; aber vor allem können wir DEM begegnen, der das Evangelium selbst ist: Jesus Christus, welcher derselbe ist – gestern, heute und in alle Zukunft. ER allein steht im Mittelpunkt dieser Buchseiten.
Pater Emil Tardif ist mit dem kleinen Esel vom Palmsonntag vergleichbar; er hatte das Glück, Jesus durch 5 Kontinente zu tragen. Wie der kleine Esel von Bethphage hat er Blumenkränze erhalten, wie z.B. auf Tahiti; oder er kam ins Gefängnis und wurde verfolgt, wie im Kongo. Von Bedeutung ist nicht das Tongefäß, sondern der Schatz, den es enthält, nämlich Jesus Christus.
Dieses Buch soll auch keine „Gebrauchsanweisung“ sein, aus der man lernen könnte, wie man mit den Kranken betet, sondern es ist ein Zeugnis davon, daß unser Gott auch heute noch seine kranken Kinder heilt. Es ist auch kein Heilungsbuch; eher könnte man es als ein Evangelisationsbuch betrachten. – Es ist ein Schrei, der sich erhebt und diejenigen mit Hoffnung erfüllt, welche es wagen zu glauben, daß derselbe Jesus, der am Kreuze starb, auferstanden ist und *lebt*, und daß daher für IHN alles möglich ist. Ist es überraschend, daß unser Gott Wunder tut, da er doch ein wunderbarer Gott ist?
Kurzum, was diese Seiten am wenigsten brauchen, ist eine Einleitung.

José H. Prado Flores

1. Lungentuberkulose

Im Jahr 1973 war ich in der Dominikanischen Republik Provinzial der Congregation der Missionare vom Heiligsten Herzen. Ich hatte viel gearbeitet und meine Gesundheit in den letzten 16 Jahren meiner Mission in diesem Lande untergraben. Damals verbrachte ich viel Zeit mit materiellen Aufgaben, indem ich Kapellen baute, Seminare errichtete, Zentren der menschlichen Weiterbildung, der Katechese usw. – Ständig suchte ich nach Geld, um Häuser zu bauen und meine Seminaristen zu verköstigen.

Der Herr erlaubte mir meine Aktivitäten; doch infolge des Übermaßes an Arbeit wurde ich schließlich krank. Anläßlich einer Versammlung der „Christlichen Familienbewegung", am 14. Juni des Jahres 1973, fühlte ich mich unwohl, ja ausgesprochen krank. Man mußte mich ins Staatliche Medizinische Zentrum transportieren. Mein Zustand war derart bedrohlich, daß ich dachte, ich würde die Nacht nicht mehr überleben. Tatsächlich befürchtete ich, daß ich sehr bald sterben würde. Ich hatte sehr häufig über den Tod meditiert, aber ich hatte keine Erfahrung damit; diesmal jedoch machte ich sie, und dies gefiel mir gar nicht. Die Ärzte stellten genaue Untersuchungen an und entdeckten eine akute Lungentuberkulose. Als mir klar wurde, daß ich so schwer krank sei, kam mir der Gedanke, nach Quebec, in Canada, meinem Heimatland, wo auch meine Familie lebt, zurückzukehren. Doch ich mußte 14 Tage warten und mich zuvor einer Behandlung mit Aufbaumitteln unterziehen, um diese für mich sehr anstrengende Reise antreten zu können. In Canada nahm man mich in eine medizinische Spezialklinik auf, wo mich die Ärzte erneut untersuchten, um die Art der Krankheit zu überprüfen. – Der Monat Juli verging mit Analysen, Biopsien, Durchleuchtungen usw. All dies bestätigte auf wissenschaftlicher Basis, daß die akute Lungentuberkulose schwere Schäden in meinen beiden Lungenhälften hervorgerufen hatte. Um mir ein wenig Mut zu machen, sagte man mir, daß ich nach einem Jahr der Behandlung und einer ausgedehnten Ruhepause vielleicht nach Hause zurückkehren könnte.

Eines Tages erhielt ich zwei sehr sonderbare Besuche. Zuerst kam der Priester, der die Zeitschrift „Revue Notre Dame" herausgibt. Er bat mich um die Erlaubnis, ein Foto von mir machen zu dürfen, um

einen Bericht mit dem Titel „Wie man mit seiner Krankheit lebt" herauszubringen.
Kaum hatte er sich verabschiedet, traten fünf Laien einer Gebetsgruppe der „Charismatischen Erneuerung" ins Zimmer. In der Dominikanischen Republik hatte ich mich über die Erweckungsbewegung amüsiert und lustig gemacht, indem ich erklärte, Latein-Amerika bräuchte nicht „die Gabe der Sprachen" (nach 1 Kor 12, 14), sondern der humanen Förderung und Besserstellung. Und siehe da, nun kamen diese charismatischen Laien, um in selbstloser Weise mit mir zu beten.
Diese beiden Besuche wiesen in zwei ganz verschiedene Richtungen: Der erste – Annahme der Krankheit.
Der zweite – Heilung, d.h. Wiedererlangung der Gesundheit.
Als Missionspriester dachte ich, daß es ziemlich unpassend wäre, ihr Gebet abzulehnen. Aber, ehrlich gesagt, ich nahm es mehr aus Höflichkeit als aus Überzeugung an; denn ich glaubte nicht, daß man durch ein einfaches Gebet geheilt werden könnte.
Mit großer Überzeugung sagten sie zu mir: „Wir werden nun das tun, was das Evangelium verheißt:
... sie werden den Kranken die Hände auflegen und diese werden geheilt werden. (Mk 16, 18)
– So werden wir nun beten und der Herr wird Sie heilen."
Gleich darauf kamen sie ganz nahe an den Stuhl, in dem ich saß, heran und legten mir die Hände auf. Ich aber hatte nie dergleichen gesehen, und ihr ganzer Einsatz mißfiel mir sehr. Unter ihren Händen hatte ich das Gefühl, lächerlich zu wirken. Außerdem war ich verärgert; denn die Leute, die im Gang vorbeigingen, sahen uns durch die offen gebliebene Tür. Daraufhin unterbrach ich ihr Gebet und machte ihnen den Vorschlag:
„Wenn es Ihnen nichts ausmacht – könnten wir vielleicht die Tür zumachen?"
„Ja, Pater, warum nicht", antworteten sie.
Sie schlossen dann die Tür; aber Jesus war bereits eingetreten. – Während des Gebetes fühlte ich, wie eine starke Wärme meine Lungen durchströmte. Ich dachte, dies sei wohl ein neuer Tuberkulose-Anfall, und befürchtete, daß ich nun bald sterben müßte. Aber es war die Wärme der Liebe Jesu, die im Begriff war, mich anzurühren und meine kranke Lunge zu heilen. – Während des Gebets schenkte Gott noch eine Prophezeiung; sie lautete:

„Ich werde aus dir einen Zeugen meiner Liebe machen."
Der lebendige, auferstandene Jesus war im Begriff, nicht nur meiner Lunge, sondern auch meinem Priesteramt und meinem ganzen Dasein neues Leben zu geben.
Drei oder vier Tage danach fühlte ich mich völlig gesund. Ich hatte guten Appetit, ich schlief gut und hatte auch keine Schmerzen mehr. – Die Ärzte jedoch waren bereit, unverzüglich mit der Behandlung zu beginnen. Aber sie fanden kein Medikament, auf welches die Krankheit, die sie festgestellt hatten, ansprach. Daraufhin verabreichten sie mir spezielle Injektionen, die man bei Personen anwendet, die keinen normalen, gesunden Organismus haben; aber auch diese wirkten nicht.
Ich fühlte mich wohl und ich wollte nachhause zurückkehren; man drang jedoch in mich, im Krankenhaus zu bleiben, damit die Ärzte die Tuberkulose, die ihnen entwischt war und die sie nun nicht mehr finden konnten, ausmachen könnten.
Am Monatsende sagte mir der Chefarzt nach zahlreichen Analysen:
„Mein Pater, kehren Sie nachhause zurück. Sie sind völlig geheilt, wenn es auch all unseren medizinischen Theorien widerspricht. Wir wissen nicht, was geschehen ist."
– Dann, die Achseln zuckend, fügte er hinzu:
„Mein Pater, Sie sind ein einzigartiger Fall in diesem Krankenhaus!"
„In meiner Congregation ebenfalls", entgegnete ich ihm lachend.
Ich verließ das Krankenhaus ohne Entlassungspapiere, ohne Medikamente, ohne Injektionen und kehrte mit einem Körpergewicht von nur 50 kg nachhause zurück; denn das Krankenhaus, welches mich von der Tuberkulose heilen sollte, ließ mich fast an Hunger sterben.
Vierzehn Tage später erschien die Nr. 8 der „Revue Notre Dame". Auf Seite fünf war mein Foto während meines Krankenhausaufenthaltes zu sehen. Ich saß auf dem bekannten Krankenstuhl mit den Sonden, mit traurigem Gesicht und einem nachdenklichen Blick. Unter dem Foto stand:
„Der Kranke muß lernen, mit seiner Krankheit zu leben und sich sowohl an verhohlene Anspielungen wie auch an indiskrete Fragen zu gewöhnen. Auch bei seinen guten Freunden wird er nicht mehr soviel Ansehen wie früher genießen."
Meine inzwischen empfangene Heilung machte jedoch diesen Artikel hinfällig.

Der HERR hatte mir wieder die volle Gesundheit geschenkt. Gewiß, mein Glaube war sehr gering; vielleicht hatte er die Größe eines Senfkorns. Aber Gott ist so groß, daß er auf die Kleinheit meines Glaubens keine Rücksicht nahm. So ist unser Gott! Wenn es an uns läge, wäre er nicht Gott.
Auf diese Weise erhielt ich in meinem Krankenstuhl am eigenen Körper die erste grundlegende Unterweisung für den Heilungsdienst. Der HERR heilt uns mit d e m Glauben, den wir haben. ER verlangt nicht mehr von uns – nur das.
Am 15. September nahm ich dann an der ersten charismatischen Gebetsversammlung meines Lebens teil. Ich wußte nicht einmal, was das sei; aber ich ging hin, weil ich geheilt worden war und weil die Personen, die für mich gebetet hatten, mich baten, von meiner Heilung Zeugnis zu geben.
In jenem September-Monat begann ich ein wenig zu arbeiten. Ich schrieb an meinen Superior, er möge mir die Erlaubnis geben, dieses Jahr, das ich im Krankenhaus hätte verbringen müssen, für das Studium der „Charismatischen Erneuerung" in Canada und den USA zu verwenden. Er war damit einverstanden, und ich suchte die wichtigsten Zentren der „Charismatischen Erneuerung" in Quebec, Pittsburgh, Notre Dame und Arizona auf.
Ich erinnere mich an einen Tag, den ich in Los Angeles verbrachte. Ich war gerade im Begriff, mit meiner Nichte und einem Freund die Messe zu feiern. Nachdem ich das Evangelium in französischer Sprache gelesen hatte, wollte ich einen Kommentar dazu geben; aber es geschah etwas sehr Eigenartiges. Ich fühlte, wie meine Wange warm wurde und ich Worte auszusprechen begann, die ich nicht verstand. Es war weder französisch noch englisch, noch spanisch. Als ich zu sprechen aufhörte, rief ich voll Überraschung:
„Sagt mir bloß nicht, daß ich die Sprachengabe bekommen habe!"
„Trotzdem ist es so, mein Onkel", antwortete meine Nichte, *„du hast in neuen Sprachen gesprochen."*
Und ich hatte mich doch so sehr über „die Gabe der neuen Sprachen" lustig gemacht! Der Herr jedoch gab sie mir in dem Augenblick, als ich predigen wollte. Auf diese Weise entdeckte ich diese so schöne Gabe Gottes.

2. Nagua und Pimentel

Nagua

Nach diesem Jahr, das ich im Krankenhaus hätte verbringen sollen, kehrte ich in die Dominikanische Republik zurück. Mein Superior schickte mich in eine Pfarrei der Stadt Nagua.

Kurz nach meiner Ankunft rief ich ca. 40 Personen zusammen, um ihnen das Zeugnis meiner Heilung zu geben. Ich erinnere mich, daß ich anschließend die Kranken einlud, nach vorn zu kommen, damit ich für sie bete. Zu meiner großen Überraschung gab es mehr Kranke als Gesunde. An diesem Abend heilte der Herr zwei Kranke. Die Versammlung explodierte fast vor Freude, und die Geheilten verbreiteten ihr Zeugnis überallhin. Auf diese Weise, ganz einfach, begann eine Geschichte, von der wir nicht dachten, daß sie so wunderbar sein würde.

Infolge der Heilungen, die der HERR vollführte, glich unsere Gruppe einem Banquet im Himmelreich:

Eingeladen wurden die Lahmen, die Tauben, die Stummen und die Armen.

Jede Woche heilte der HERR Kranke. Im August berührte ER Sarah, die einen Uterus-Krebs hatte. Sie war zum Tode verurteilt, und man hatte sie bereits aus dem Krankenhaus entlassen, damit sie zu Hause sterbe. Verwandte brachten sie in die Versammlung, und während des Gebets für die Kranken verspürte sie eine wunderbare Wärme in ihrem Unterleib und begann zu weinen. Allmählich bemerkte sie, daß ihr schweres Leiden verschwand. 14 Tage später war sie vollständig geheilt und kam, ihre Leichenkleider in den Händen tragend, in die Gebetsgruppe. Es waren die Kleider, welche ihr ihre Kinder für ihre Beerdigung gekauft hatten.

Die Menschen kamen in großer Zahl. Alle sangen mit Freude und lobten Gott in spontaner Weise. Bei Heilungen brachen viele in Schluchzen aus; es waren jedoch Tränen des Glücks, und die Menschen erzählten jedermann, was in der Pfarrei geschah.

Der HERR sprach in einer Prophetie zu uns:

„Ich wirke im Frieden, und ich gebe euch meinen Frieden. Ich beginne, meinen Geist über euch auszugießen. Es ist ein verzehrendes Feuer, welches die ganze Stadt erfassen wird. Öffnet die Augen, denn ihr

werdet Zeichen und Wunder sehen, die viele vor euch sehen wollten, aber nicht gesehen haben. Ich bin es, der es euch sagt, und ich werde es tun."

Wir waren sicher, daß wir vor dem HERRN standen. Gott wirkte so viele Wunder, daß ich sie nicht zählen konnte. Männer und Frauen, die im Konkubinat lebten, heirateten; Jugendliche wurden von Drogen und Alkoholsucht befreit.

Es war der wunderbare Fischzug! Nachdem wir lange Zeit „den Angelhaken" ausgeworfen hatten, füllte der HERR nun die Netze derart, daß ich beinahe den Eindruck hatte, daß das Schiff untergehen würde.

Jesus war im Begriff, sein Volk von den Ketten der Sklaverei zu befreien. Die Jugendlichen, die ebensowenig Interesse für die Kirche wie für den Glauben hatten, begegneten JESUS und begannen, IHN als ihren Befreier zu verkündigen.

In einer Freizeit der Pfarrgemeinde hatte ich schon die Predigt beendet, und wir beteten anschließend um die Gesundung der Kranken. Das erste Wort der Erkenntnis, welches ich bekam, war:

„Hier befindet sich eine Frau, die von einem Krebsleiden befreit wird. Sie fühlt eine starke Wärme in ihrem Unterleib."

Ich betete weiter, und es kamen noch weitere Worte der Erkenntnis, die durch Zeugnisse bestätigt wurden. Auf das erste „Wort der Erkenntnis" hatte jedoch niemand geantwortet. – Am nächsten Tag trat eine Frau an das Mikrophon und sagte zu den Anwesenden:

„Vielleicht werdet ihr überrascht sein, mich hier zu sehen. Ich bin eine Sünderin, eine Prostituierte. Schon seit zahlreichen Jahren gebe ich mich diesem Gewerbe hin. Gestern kam ich zum Heilungsgottesdienst; aber aufgrund meines Lebens schämte ich mich, hineinzugehen; und deshalb blieb ich ein wenig hinter der Hecke. Ich hatte Krebs. Zweimal wurde ich operiert; doch die Krankheit ging weiter. Als jedoch der Priester sagte, daß soeben jemand von Krebs geheilt werde, fühlte ich, daß Gott mich angerührt hatte."

Der HERR hatte sie nicht nur vom körperlichen Krebs geheilt, sondern auch von dem der Seele. Die Frau tat Buße und kommunizierte am nächsten Tag.

Als ich sie mit so großer Freude und mit solchen Tränen des Glücks in ihrem Gesicht kommunizieren sah, erinnerte ich mich an die Rückkehr des „verlorenen Sohnes", der das Mastkalb verspeiste, das der Vater für ihn hatte schlachten lassen. – Diese Frau empfing das

„Lamm Gottes, das hinwegnimmt die Sünden der Welt", indem es ihre Seele reinigte und ihr Leben veränderte. Sie kehrte ins Bordell zurück, um vor ihren „Berufsgenossinnen" mit Tränen in den Augen zu bezeugen:

„Ich komme nicht, um euch zu sagen, daß ihr dieses Leben aufgeben sollt; ich will euch nur von meinem Freund Jesus erzählen, der mich errettete und mein Leben verändert hat."

Sie erzählte ihnen von ihrer Heilung und ihrer Bekehrung. Dann bat sie um die Erlaubnis, eine Gebetsgruppe im Bordell zu bilden. Jeden Montag schloß man daraufhin die Pforten der Sünde und öffnete die Herzen für JESUS. – Man betete dort, las im Wort Gottes und sang.

Das Werk des HERRN ging jedoch noch weiter. Ein Jahr später wurde eine Freizeit für 80 Prostituierte der Stadt organisiert. Bei dieser Gelegenheit sah ich die Barmherzigkeit Jesu in außergewöhnlicher Machtfülle wirken. Es gab Buße, Bekehrung und Sündenbekenntnisse:

Prostituierte gaben ihr bisheriges Leben auf, und nach jüngsten Informationen sind 21 auf dem Weg des HERRN geblieben. Einige unter ihnen wurden sogar Katechetinnen, andere unterstützen Gebetsgruppen, indem sie begeistert bezeugen, daß die barmherzige Liebe Gottes sie verwandelt hat.

Von den 21 Bordellen der Straße Mariano Perez blieben nur 4 übrig. Mitglieder der genannten Gebetsgruppe gingen hin, und der HERR veränderte das Leben der Frauen.

Man muß hier noch den Fall einer Frau erwähnen, zu der Jesus sagte, daß sie als reumütige Sünderin noch vor den Pharisäern und Schriftgelehrten ins Himmelreich kommen würde.

Auch eine Frau, namens Diana, wurde von der Liebe Gottes angerührt und übergab ihr Leben Jesus Christus. Ihre Wiederherstellung war jedoch langsam und schmerzhaft. Es kam sogar infolge finanzieller Nöte zu einem Rückfall. Als sie sich vom HERRN abwandte, sprach ER zu ihr mit folgenden Worten:

„Diana, wer mir nachfolgt, wandelt im Licht, und nichts wird ihm fehlen."

Daraufhin tat sie Buße und kehrte zum HERRN zurück. Sie wurde sogar Katechetin und gibt heute in Gottesdiensten machtvoll Zeugnis von der befreienden Gnade und Hilfe des HERRN. Sie gehört zu einer Evangelisationsgruppe, und viele Priester beneiden sie um die Kraft, mit der sie das neue Leben in Jesus Christus proklamiert.

Nach offiziellen Statistiken gab es in Nagua 500 Bordelle. Mehr als 80 % schlossen ihre Pforten. Nicht alle Frauen haben sich bekehrt, aber alle wurden von der Botschaft Jesu, des lebendigen Gottes, erreicht. Mehrere dieser Häuser, die im Dienste der Sünde und des Egoismus standen, wurden Versammlungsstätten von Gebetsgruppen.
Die Veränderung war so offensichtlich, daß man sogar sagte:
„Nagua war die Stadt der Prostitution; aber jetzt ist es die Stadt des Gebets.“
Heute findet man in Nagua keine Straße, in der es keine Gebetsgruppe gibt. Es sind dies sehr aktive Einsatzgruppen, die evangelisieren, die „Gute Nachricht“ verkündigen und die Menschen zu einer persönlichen Begegnung mit dem lebendigen Jesus führen.
Der Fall Nagua gibt uns eine Vorstellung davon, was die Charismen für die Evangelisation bedeuten. Sie sind keine unwesentlichen Schmuckstücke, sondern sie sind Träger der Evangelisation.
Es gibt viele Menschen, welche die Charismen (Geistesgaben) ablehnen, indem sie behaupten, sie hätten keine Bedeutung. Ich gebe ihnen einfach zu bedenken, daß Nagua vom Evangelium erschüttert wurde und aufgrund einer Freizeit von Prostituierten ihren bösen Ruf als „Stadt der Sünde“ verlor. Diese Freizeit hatte eine so starke Wirkung dank einer Frau, die, wie Maria Magdalena, Jesus folgte und von ihrem persönlichen Erlebnis Zeugnis gab. Warum? Weil sie durch die Gnade Gottes von Krebs geheilt worden war.
Eine einfache physische Heilung hatte eine derartige soziale Veränderung zur Folge! *So* wird das Reich Gottes gebaut: durch kleine und einfache Geschehnisse, die ähnlich Senfkörnern, wenn sie keimen, reiche Früchte tragen. Wer sind wir, wir armseligen Menschen, daß wir uns über die Wege Gottes hinwegsetzen?

Pimentel

In meiner Arbeit mit den Gebetsgruppen fühlte ich mich in Nagua glücklich; aber der Heilige Geist hatte für mich eine große Überraschung bereit.

Wahrlich, die Wege Gottes sind von unseren verschieden, aber viel besser als das, worum wir bitten oder das, was wir uns vorstellen könnten. (Vgl. Eph 3,20)
Der Provinzial bat mich, vorübergehend einen Priester zu vertreten, der in den Urlaub gehen wollte. Ehrlich gesagt, es fiel mir sehr schwer, Nagua zu verlassen. – Wir wollen uns immer mit dem, was wir haben, absichern; dies ist jedoch dem weitsichtigen Wirken des Heiligen Geistes sehr abträglich. Das Leben im GEIST ist ein Leben der Entsagung; es besteht darin, daß wir uns in die Sachen Gottes nicht einmischen – auch nicht in das, was wir „unseren Dienst" nennen. Wir sind dazu berufen, ewige Pilger zu sein; Pilger, die unter provisorischen Zelten leben, immer bereit, uns auf den Weg zu machen – ohne Rückfahrkarte. Nur wenn wir nichts besitzen, sind wir fähig, alles zu haben.
Am 10. Juni 1974 kam ich an meinem neuen Bestimmungsort an. Pimentel ist eine sympathische Stadt, die mitten auf dem Land liegt und von einer fruchtbaren Ebene – reich an Reis, Kartoffeln, Kakao und Orangen – eingerahmt ist; dies alles dank dem Wasser des Flusses Cuaba.
Die Ortschaft wird nur von einer einzigen, nicht gepflasterten Straße durchquert, auf der Esel und Pferde dahintrotten und wo von Zeit zu Zeit auch ein Auto oder Bus sich mühsam vorwärts bewegt. Vom Rathaus, das von Palmen und Akazien des öffentlichen Parks umgeben ist, weht die Nationalflagge. Auf der anderen Seite befindet sich die Pfarrei St. Jean Baptiste. Ihr Name ließ mich daran denken, daß meine Aufgabe, ebenso wie die eines jeden Menschen, der evangelisiert, die eines Vorläufers ist, der die Ankunft des HERRN vorbereitet. Der Heilige Geist hatte mich hierher geführt, um ein Zeuge des Lichtes des auferstandenen Christus zu sein.
Nach meiner Ankunft begab ich mich zum Pfarrer, der bereits seine Koffer gepackt hatte. Ich bat ihn nur um die Erlaubnis, eine kleine Erweckungsgruppe organisieren zu dürfen.
Das mißfiel ihm, er hatte Angst. Er verweigerte es mir zwar nicht, denn ich sollte ihn ja vertreten, damit er in den Urlaub fahren könne, aber er sagte mir:
„Also gut, mach die Gruppe, aber ohne Charismen!"
„Ja, aber ich bin es doch nicht, der die Geistesgaben gibt. Die kommen doch vom Heiligen Geist. Wenn ER deinen Leuten Charismen geben will, was kann ich denn da tun?", entgegnete ich.

„Mach, was du willst", erwiderte er mir und fuhr in den Urlaub. Der Sommer jenes Jahres war sehr heiß, wie eine Vorahnung des GEISTES, der über uns kommen sollte. – Wer nicht glaubt, daß wir einen lebendigen Christus haben, der auch heute noch Wunder tut, wird die folgenden Geschehnisse nicht fassen können; doch die Erlebnisberichte beruhen auf bezeugten Tatsachen.

Erste Versammlung

Während der heiligen Messe, am ersten Sonntag, lud ich die Leute zu einem Gespräch über die „Charismatische Erneuerung" ein, wobei ich versprach, ihnen ein Zeugnis meiner Heilung zu geben. Zweihundert Personen kamen und nahmen an dem Gespräch teil. Aber diese Menschen hatten einen so starken Glauben, daß sie auf einer Tragbahre einen Gelähmten mitbrachten. Sein Rückgrat war gebrochen, und seit fünfeinhalb Jahren konnte er nicht mehr gehen.

Als ich sie mit ihm herankommen sah, dachte ich, die wären allzu kühn; aber sie erinnerten mich an die vier Personen, welche ihren gelähmten Freund zu Jesus brachten (Mk 2,1-12).

Wir beteten für ihn und baten den HERRN, ihn durch die Kraft seiner heiligen Wunden zu heilen. Der Kranke begann stark zu schwitzen und zu zittern. Da erinnerte ich mich, daß auch ich, als der HERR mich heilte, eine starke Wärme verspürt hatte.

Und so gebot ich, indem ich sagte:

„Der Herr ist im Begriff, dich zu heilen; steh auf, im Namen Jesu!"

Dann gab ich ihm die Hand, um ihm aufzuhelfen. Ganz überrascht sah er mich an, erhob sich mit großer Mühe und begann langsam zu gehen.

„Im Namen Jesu, geh weiter, der HERR ist dabei, dich zu heilen", *ermunterte ich ihn.*

Alle Anwesenden lobten und priesen Gott, während der Geheilte die Tragbahre unter seinen Arm nahm und hinausging.

An diesem Tag wurden 10 weitere Personen durch die Liebe Jesu Christi geheilt.

Was für einen Gebetsdurst die Menschen doch haben! Sie kamen und baten uns, sie beten zu lehren. So wie Jesus es tat, müssen wir sie belehren, indem wir mit ihnen beten. Wir dürfen diese wunderbare Gelegenheit nicht vorübergehen lassen! Wenn wir weniger über den

HERRN, dafür umso mehr mit ihm redeten – wie schnell würde sich unsere Welt verändern. Es ist wahr, der HERR hat es gerne, daß wir von ihm reden; aber ihm ist es noch lieber, wenn wir mit ihm reden.

Zweite Versammlung

Am folgenden Mittwoch kamen 3 000 Personen zum Gottesdienst. Da mußten wir uns auf der Straße versammeln, denn die Kirche konnte nicht alle Besucher fassen. Da man mit einer solchen Menschenmenge keine Gebetsgruppe bilden konnte, predigte ich eine halbe Stunde, bevor ich die heilige Eucharistie für die Kranken feierte.
In der Menge befand sich eine Frau mit Namen Mercedes Domingez – sie war seit 10 Jahren blind. Während des Gebetes verspürte sie ein starkes Kältegefühl in ihren Augen. Ganz bestürzt kehrte sie nach Hause zurück, indem sie aller Welt erzählte, daß sie ein wenig sehen könne. Am nächsten Morgen, als sie erwachte, war sie vollkommen geheilt. Der HERR hatte ihre Augen geöffnet, und sie öffnete ihren Mund, um überall von ihrer wunderbaren Heilung Zeugnis zu geben – was auf die Menschen im Dorf einen tiefen Eindruck machte.

Dritte Versammlung

Stellen Sie sich vor, was in dieser dritten Woche geschah! Wir gingen in den öffentlichen Park, ins Freie, um die Herrlichkeit Gottes zu verkünden. Es war wie die Ankunft Jesu in Kapharnaum oder in Bethsaida. Derselbe Jesus, lebendig, kam nun in unser Dorf. Der Park glich dem Teich von Bethesda –
„... voll mit Kranken, Blinden, Hinkenden, die ihre Heilung erwarten." (Joh 5,1-2)
Bethesda bedeutet „Haus der Barmherzigkeit". – Pimentel, die kleinste unter den Ortschaften, war von Gott ausgewählt worden, um sein großes Erbarmen mit den leidenden Menschen zu offenbaren. Der Dienst der Heilung ist der Dienst der Barmherzigkeit Gottes. An diesem Abend waren mehr als 7 000 Leute gekommen. Wie in der vergangenen Woche hatte ich über die Liebe Jesu gepredigt,

der in seiner Kirche lebendig ist und fortfährt, mit Zeichen und Wundern zu wirken. Wir feierten die heilige Messe und der HERR begann wiederum, die Kranken zu heilen. Es ging fast über unser Fassungsvermögen! Wie bei der Hochzeit zu Kana, als der HERR Wasser in Wein verwandelte: Es blieb soviel davon übrig, daß es für weitere Hochzeiten gereicht hätte. Wenn wir ihn um etwas bitten, gibt er uns alles, denn seine Macht, ebenso wie seine Liebe, kennt keine Grenzen. Er heilte an jenem Sonntag nicht nur zwei oder drei Leidende, sondern eine gewaltige Menge.
Die Polizei war sehr verärgert, denn sie mußte Überstunden machen, um den für eine so kleine Ortschaft enormen Verkehr zu regeln. Die Polizisten verlangten vom Polizei-Chef, er solle die öffentlichen Versammlungen verbieten.
Dieser hielt ihnen jedoch seine geöffneten Hände entgegen und antwortete lächelnd:
„*Auch ich hätte sie gerne verboten; aber meine Frau wurde bei einem dieser Heilungsgottesdienste geheilt.*“
Seine Frau wurde nach einem zwölfjährigen Leiden von der Liebe Gottes angerührt. Einige Tage später empfingen beide das Sakrament der Ehe.
Anstatt die Straßengottesdienste zu verbieten, stellte der Polizei-Chef 18 weitere Polizisten in Dienst, die den Verkehr während der folgenden Evangelisation regeln sollten – denn so hatte der HERR alles vorhergesehen.

Vierte Versammlung

Es war der 9. Juli, der Jahrestag meiner Rückkehr in die Dominikanische Republik. Seit 9 Uhr morgens kamen Autobusse, große und kleine, mit Leuten aus dem ganzen Land. Sogar die Taxi-Chauffeure machten für uns Reklame, denn auch sie hatten einen Vorteil davon. An diesem Nachmittag waren rund 20 000 Menschen im Gebet. – Die Menge der Besucher war so gewaltig, daß wir auf das Dach steigen mußten, um dort den Altar zu errichten und die Lautsprecher aufzubauen.
Wissen Sie, wie sich Gott an der Polizei, die unseren Versammlungen ein Ende bereiten wollte, „rächte“? – An diesem Abend heilte er

einen Polizisten, der eine Gehirnblutung, an deren Folgen er halbseitig gelähmt war, erlitten hatte.
Von diesem Moment an standen alle Polizisten auf unserer Seite. Wahrlich, die Art und Weise, wie Gott die Probleme löst, ist immer besser als unsere.
Eine im ganzen Dorf bekannte Frau war seit 16 Jahren taub. Sie wurde vollständig geheilt. Sie vernahm erst ein Rauschen und bemerkte anschließend, daß sie die Predigt vollkommen verstand. Am nächsten Tag ging sie zum Markt. Ein Angestellter hatte sie bemerkt und sagte zu seinem Arbeitskollegen:
„Da, schau die Taube, wir werden uns mit ihr einen Scherz erlauben, indem wir unseren Mund bewegen, ohne auch nur ein Wort zu sagen!"
Sie aber hörte, was die beiden verabredet hatten und erwiderte:
„Nein, meine Herren, ich bin nicht mehr taub, denn Christus hat mich gestern im Abendgottesdienst geheilt!"
Sie gab auf diese Weise nicht nur von ihrer Heilung Zeugnis, sondern auch von der Macht Gottes.
Ein Mann, der sich nur auf allen Vieren fortbewegen konnte, wurde an diesem Tag ebenfalls von seinem Leiden befreit. Gott wirkte noch eine reiche Fülle von Heilungen und Wundern. Wir sahen alles nur Denkbare. Das bedeutet, direkt, lebendig und in Farben zu erleben, wovon das Evangelium spricht. Das war der auferstandene Jesus, der unter uns gegenwärtig war und sein Volk rettete und heilte. An diesem Abend gab es nach den Bestätigungen, die wir erhielten, mehr als 100 Heilungen.

Fünfte Versammlung

Für die 5. Versammlung erwies sich unsere Übertragungsanlage als unzureichend. Die Polizei versuchte, die Menschenmenge zu schätzen, indem sie von der Zahl der Quadratmeter ausging. Es waren demnach ca. zweiundvierzigtausend. Es kamen Menschen bis aus Puerto Rico, Haiti und aus allen Pfarrgemeinden des Landes. Sogar auf den Dächern drängten sich die Menschen in bedrohlicher Weise, und die kleine Dorfstraße war verstopft von Autobussen, Autos und Lieferwagen.

Die Leute kamen in so großer Zahl, einfach deshalb, weil Jesus, der HERR, bis heute seine „Arbeitsmethode" nicht geändert hat. Während wir wirksamere pastorale Methoden suchen, die unserer Zeit besser entsprechen, fährt der HERR mit seiner Methode weiter fort: Er durchwanderte Galiläa, indem er die Kranken heilte. Daraufhin folgte ihm die Menschenmenge, und er verkündigte ihnen „das Wort des Heils" (Lk 6,17-18). – Heute handelt er noch immer in derselben Weise: Er heilt die Kranken, die Menschen strömen zu Tausenden zusammen, und wir verkündigen das Evangelium vom „Reich Gottes". Kurz und ganz einfach gesagt: Das Evangelium wiederholt sich.

Es wurde mir allmählich bange, denn die Menschen wollten mich anrühren, und sie drangen in mich, ich möge für jeden Einzelnen von ihnen beten. An diesem Abend rissen sie mir alle Knöpfe meines Hemdes ab und hätten mich fast erdrückt. Ich machte mir auch um die Leute Sorgen, die den ganzen Tag unterwegs gewesen waren und im Dorf keine Nahrungsmittel auftreiben konnten und daher hungrig, aber erfüllt von der Liebe Gottes, nachhause zurückkehren mußten.

Daraufhin beteten wir und baten den HERRN um sein Licht, um zu erfahren, was man mit all dieser Menge tun sollte? Denn er hatte uns vor diese Probleme gestellt; er mußte uns auch wieder heraushelfen. Während des Gebets gab er uns durch Vermittlung von Evaristo Guzman eine Botschaft in „Sprachen". Damit kein Zweifel bestehe, gab Evaristo mir persönlich die Interpretation:

„Evangelisiert mein Volk. Ich will ein Volk des Lobpreises."

Wir brauchen also vor großen Menschenmengen keine Angst zu haben. Der HERR schickt sie uns, damit wir ihnen seine Heilsbotschaft verkündigen. Diejenigen, welche die Wunder fürchten, fürchten den „HERRN der Wunder".

Einige Leute wundern sich, daß der HERR so rasch auf Gebete antwortet. Ich sage ihnen dann, daß es erstaunlich wäre, wenn er, da er doch ein gnädiger Gott ist, nicht antwortete.

Gott verspricht uns doch in der Bibel:

„Und es soll geschehen, ehe sie rufen, will ich antworten; wenn sie noch reden, will ich hören." (Jes. 65, 24)

„Bittet, und ihr werdet empfangen ... suchet, und ihr werdet finden . . . klopfet an, und euch wird aufgetan!" (Luk. 11,9–13)

Was hielt nun Monsignore Antonio Flores, Bischof von La Vega,

von all diesen Ereignissen? – Er war zwar offen, jedoch beunruhigt wegen des großen Rummels in Presse, Radio und Fernsehen. Ich machte mich auf, um ihm einen Besuch abzustatten, und fand ihn in der Kapelle vor.
Wir beteten zusammen und kamen überein, die riesig großen Menschenmengen in kleine Gruppen aufzuteilen, so wie wir es früher in Nagua getan hatten. Ich kehrte glücklich heim; denn der Heilige Geist, der Bischof und ich waren uns vollständig einig.
Wir setzten sofort ein Communiqué auf, das vom Radio und Fernsehen ausgestrahlt wurde. Es lautete:
„Große Versammlungen werden nicht mehr stattfinden; es werden jedoch die Leute eingeladen, sich zum Gebet in ihren Pfarrgemeinden zu treffen.“
Der HERR hatte seinen Plan betreffs der Ereignisse in Pimentel: sein Volk zu erwecken, die Kirche zu erschüttern und durch Zeichen und Wunder zu zeigen, daß er lebt, und sein Leben in Fülle an diejenigen weitergibt, die an seinen Namen glauben.
Es begann nun eine andere Art von Arbeit, eine tiefere und feinere: Verantwortliche für die kleinen Gebetsgruppen auszubilden. Wir veranstalteten mit den Engagiertesten eine Zusammenkunft am Wochenende. Wir erklärten ihnen, was eine Gebetsversammlung, was die Charismatische Erneuerung, die Taufe im Heiligen Geist und die Charismen bedeuten, wobei wir sie der Gnade Gottes empfahlen (Apg 20, 32).
Drei Tage später wurde mir die Existenz von 45 Gruppen, die sich an verschiedenen, entfernten Orten der Pfarrgemeinde gebildet hatten, gemeldet. Es gab Gemeinschaften, die sich unter Bäumen versammelten, andere in der Kirche, wieder andere in Häusern oder sonstwo. Die ganze Gemeinde war zu einem „Gebetshaus“ geworden.
Damit die Leute ihren Blick auf JESUS und nicht auf mich, einen Menschen, richten mögen, verließ ich an diesem Abend die Pfarrgemeinde. Der HERR jedoch blieb anwesend und heilte die Kranken.
Anläßlich eines Besuches im Jahr 1984, als wir im Sinne hatten, dieses Buch zu veröffentlichen, gab man uns Einblick in ein Heft, in dem 224 Heilungszeugnisse notiert waren. Diese Heilungen geschahen in einer dieser Gruppen, die sich im Haus der Guara Rosario, in der Straße Colombo, versammelt hatte. Allein am 13. Nov. 1975, im Abendgottesdienst, wurden 22 Heilungen bezeugt. Bald darauf wurden die Zeugnisse so zahlreich, daß man aufhörte, sie schriftlich

aufzuzeichnen. Wir fragten, ob sich der HERR noch immer so häufig offenbare wie früher, und mit wunderbarer Einfachheit antwortete man uns:
„Nein, aber der Grund dafür ist, daß es nicht mehr soviele Kranke gibt."

Palmsonntag

Der HERR zog nicht nur in der kleinen Stadt Pimentel triumphierend ein, sondern ebenso im ganzen Land, bis weit über seine Grenzen hinaus. Alles war so wunderbar, daß es einem Traum glich. Niemals vorher war mir meine missionarische Berufung so faszinierend und schön erschienen.
Gott wirkte bis in die Kommunikationsmittel hinein, indem er die Mutter eines Fernsehdarstellers heilte. Und dieser nahm es auf sich, vor der Kamera Zeugnis zu geben.
Der HERR wirkte sogar bis in die Abgeordneten-Kammer hinein, indem ER eine Abgeordnete von ihren Schmerzen, die im Hals ihre Ursache hatten, heilte.
Später erfuhr ich, daß die Herausgeber der französischen Revue „Il est Vivant" (ER lebt) an den Bischof schrieben und ihm Fragen bezüglich der Echtheit dessen, was sich in Pimentel ereignet hatte, stellten. Am 15. Okt. 1975 beantwortete der Bischof ihren Brief, indem er wörtlich schrieb: *„Das Zeugnis des Paters Emiliano Tardif ist echt!"* – Sein Brief wurde in der Nummer 6-7 der genannten „Revue" veröffentlicht.
Die Herrlichkeit Gottes betrachtend, fühlten wir uns in jenen Tagen wie auf dem Berg Tabor. Wir teilten mit Jesus, was sein VATER aus der Wolke gesprochen hatte:
„Dieser ist mein geliebter Sohn, an dem ich Wohlgefallen habe." (Mt 17, 5)
Am 16. Juli warnte uns der HERR durch eine Prophetie, indem er uns ankündigte, daß wir verfolgt und lächerlich gemacht werden würden. Wir sollten aber keine Furcht haben, denn er habe bereits die Welt besiegt.

Drei Monate später kam der Pfarrer von seinem Urlaub zurück. Er war von dem, was er vorfand, sehr überrascht; auch von dem, was die Leute ihm berichteten.
Das alles war so außergewöhnlich, daß er es nicht glauben konnte.
Der HERR hatte sein Volk besucht, wobei er in der Pfarrgemeinde eine Rettungskraft erweckt, sich der Seinen erbarmt und ein Licht inmitten der Finsternis entzündet hatte, damit wir, befreit von jeder Furcht, IHM in Heiligkeit und Gerechtigkeit alle Tage unseres Lebens dienen könnten.
ER hatte Männer und Frauen geheilt, darunter einen Polizisten und ein Kind, gleicherweise auch Menschen, die von weither gekommen waren, und unheilbar Kranke. Der HERR hatte sein Volk evangelisiert und ihm die „Gute Nachricht" vom Reich Gottes verkündigt, wobei er sich sogar der Nachrichtenmittel, d. h. der Presse und des Fernsehens, bediente. – Das war *Palmsonntag!* – Der HERR zog triumphierend in seine Stadt ein! –
Als ich die Pfarrei Pimentel verließ, um wieder nach Nagua zurückzukehren, war die Straße öd und verlassen. Leise wehte der Wind, während er die Palmen wiegte und die Flagge auf dem Rathaus, welche Zeuge der Wunder Gottes gewesen war, streichelte.
Ich fühlte ein leichtes Heimweh nach diesen zahlreichen Menschen, die ich kennengelernt hatte. Da ging ein kleiner Esel vorbei, der fröhlich dahintrottete und mich mit seinen großen Augen ansah. Er begann nach Eselsart zu schreien, wobei er in einem breiten Lächeln alle seine Zähne zeigte, gleichsam als wollte er mir sagen: *„Du bist nur der Esel, der Jesus in dieses Dorf brachte, und nun mußt du nach Bethphage zurückkehren. Der Ruhm, die Palmzweige und der Dank gehören dem, den du trugst, und nicht dir. Du mußt, wie Johannes der Täufer, abnehmen, damit ER zunehme, größer werde. Emiliano muß sterben, damit Christus in ihm lebe; dein Ruhm ist, daß Christus verherrlicht werde; dein Privileg – das Evangelium zu verkündigen."*
Der Esel wedelte mit dem Schwanz, als wollte er auf diese Weise zu mir sagen: „Auf Wiedersehen, Adieu!" – und er trottete zufrieden weiter. Ich aber kehrte, jubelnd vor Freude, nach Nagua zurück.

Die Karwoche

Alles war wie ein Sonnenuntergang in tausend Farben, und der HERR war freigebig gewesen, viel großzügiger, als wir es uns je hätten vorstellen können! Vom berauschenden Wein seiner Liebe kaum ernüchtert, zogen dunkle Wolken am Himmel auf. Plötzlich wurde alles dunkel, und die Sonne verbarg sich. Der Sturm eines Unwetters kam mit großer Gewalt auf; ich aber wußte, der HERR ist mit mir. Der Sekretär für das staatliche Gesundheitswesen klagte mich im Fernsehen an, ich hätte die Unwissenheit des Volkes mißbraucht, indem ich es glauben machte, daß es geheilt würde. Er sagte, ich sei ein Scharlatan, der das Volk betrüge; dann fragte er mich, warum ich nicht in ein anderes Land gehe und dort dasselbe vollbringe; in ein Land, das so entwickelt wie z.B. Canada sei.

Andere griffen mich an, wobei sie anführten, daß ich als Ausländer das Volk nicht kenne und daß alle diese Heilungen und all diese Wunder das Volk zum Spiritismus und zur Zauberei hinführen würden. – Ich antwortete ihnen, daß ich ohne Zweifel das Volk nicht so gut kenne wie sie, aber daß ich Jesus sehr gut kenne und daß er niemals zum Spiritismus und zur Zauberei verführe. Ganz im Gegenteil! Wenn Jesus Christus am Werk sei, mache er die Sache gut, und wir bräuchten keine Furcht zu haben.

Im Radio, in der Presse und im Fernsehen gab es zahlreiche Angriffe. In wenigen Tagen war ich zum Zauberer und Lügner geworden. Weil ich daran glaubte und es verkündigte, daß Jesus lebt und sein Volk rettet und heilt, sagte man von mir, ich sei verrückt, fanatisch usw. – In weniger als 24 Stunden kämpfte von jetzt an die Presse, die mich vorher bewundert hatte, gegen mich. Nun begriff ich, wie zerbrechlich der Ruhm der Welt ist und welche Torheit man begeht, wenn man auf die Meinung der anderen etwas gibt. In wenigen Stunden wird der Schaum des Ruhmes hinweggefegt. Mein Vertrauen ruhte jedoch auf Jesus, welcher derselbe ist, gestern, heute und in alle Ewigkeit! – Und da ich mich um die Ansicht der Menschen nicht gekümmert hatte, als sie gut von mir sprachen, berührte es mich nun auch nicht, als sie begannen, schlecht von mir zu sprechen. In meinem Herzen hatte ich tiefen Frieden.

Gewisse Leute, die sich als Psychologen ausgaben, besuchten mich, um mir zu sagen, daß diese Heilungen, verursacht durch den Massen-Effekt oder durch kollektive Hysterie, natürlichen Ursprungs

wären und daß nichts Wunderbares daran sei. Ich erwiderte ihnen ganz einfach, daß es in diesem Fall, da sie doch alles so genau wüßten, ganz unbegreiflich wäre, warum sie nicht jeden Abend Versammlungen veranstalteten, um die Kranken im Land zu heilen.
Andere klagten uns an, daß wir „Emotionalisten" seien. Ich antwortete ihnen, daß der Emotionalismus die Emotion um ihrer selbst willen suche, während wir den HERRN suchten, was immer gefühlserregend und -bewegend sei. Das Suchen eines verborgenen Schatzes bewege stets die Herzen und erhebe sie. Das Zeichen dafür, daß man den Schatz gefunden habe, sei die Freude, die man dabei erfährt.
Wieder andere führten die Unreife der Menschen an, indem sie vorgaben:

„Diese Menschenmassen kommen nur aus Neugierde und wegen der Heilungen."
Welche Bedeutung hat denn der Grund, warum sie kommen? Was hier allein zählt, ist, daß sie hier sind und wir sie evangelisieren können. Sicherlich ist Zachäus nicht auf den Maulbeerbaum gestiegen, um einen Psalm zu rezitieren, sondern aus reiner Neugier; denn *„er wollte Jesus sehen" (Vgl. Lk 19,3).*
Auch einige Priester begannen in sarkastischer Weise zu spotten:
„Der Pater Emiliano ist von Tuberkulose geheilt worden; aber jetzt ist er im Kopf krank."
Weil ich „in neuen Sprachen" (1 Kor 14) betete und an die Heilungskraft Jesu Christi glaubte, meinten sie, daß ich verrückt geworden sei. Sie gingen sogar so weit, daß sie mit mir darüber sprachen und mich fragten, ob ich noch normal wäre. Ich entgegnete ihnen:
„Ich frage es mich auch, denn jetzt kann ich nur mehr vom HERRN sprechen."

Die Priester in der Nachbarschaft wurden eifersüchtig. Eine Gruppe unter ihnen bat meinen Provinzial, mich des Landes zu verweisen, denn mit diesen Dummheiten würde ich die pastoralen Strukturen zerstören. Ich antwortete ihnen, daß Jesus nicht gesandt worden sei, um die „pastoralen Strukturen" zu retten, sondern um SEIN VOLK zu befreien; dies wäre auch das einzige, das er im Begriff sei zu tun, und zwar mitten unter uns.
Man klagte mich sogar an, die Pfarreien zu entvölkern; ich aber hatte doch niemanden eingeladen. Ich hatte lediglich geholfen, das Evangelium zu verbreiten.

Ein Priester sagte mir, wir übertrieben die Sache, man müßte langsamer vorgehen. Sein Argument war folgendes:
„Wenn du mir von zwei oder drei Heilungen erzählen würdest, könnte ich vielleicht beginnen zu glauben. Aber ihr Charismatiker seid ja verrückt, ihr sprecht von so vielen Wundern.“
„Das liegt daran, daß du Jesus nicht wirklich kennst“, erwiderte ich ihm.
„Ja“, antwortete er mir, *„in Lourdes gibt es doch ein ärztliches Büro, um die Heilungen zu studieren, und man sagt, es gebe sehr wenige wunderbare Heilungen. Ihr dagegen ...!“*
„Aber“, entgegnete ich ihm, *„das Kriterium unseres Glaubens ist nicht das ärztliche Büro in Lourdes, sondern das Evangelium, und das spricht von einer großen Anzahl von Wundern.“*
Der heilige Markus, der älteste unter den vier Evangelisten, erzählt uns in 16 Kapiteln von 18 Wundern und Heilungen durch Jesus.
Wenn wir diese Erweisungen der Kraft Gottes aus dem Evangelium des Apostels Markus herausnähmen, dann blieben nur einige Seiten übrig. Es gibt zahlreiche Menschen, die nur ein verstümmeltes Evangelium kennen, das sich nur auf die Lehre beschränkt, weil sie diesen einen Aspekt – nämlich den der Wunder – eliminiert haben.
Das Evangelium ist LEBEN, das man erleben muß, dessen lebendige Erfahrung man machen und von dem man Zeugnis geben muß.
Dort, wo sich die Apostelgeschichte das erstemal auf die christliche Lehre bezieht, definiert es diese als Leben (Apg 5,20).
Da man mich von allen Seiten so stark angriff – selbst Gläubige waren darunter, von denen man hätte meinen können, sie stünden auf Seiten Jesu –, sah ich mich im August 1975 gezwungen, in der Zeitschrift „Amigo del Hogar“ einen Artikel zu veröffentlichen. Sein Titel lautete:
„Es ist der Fehler Jesu.“ – Unter anderem schrieb ich dort:
Angesichts der tatsächlich existierenden Risiken, daß man nämlich aufgrund der Wunder in Fanatismus verfallen könnte, fallen wir in das entgegengesetzte Extrem, oftmals noch schlimmer als das erste, das darin besteht, daß wir Gott als Herrn und Meister des Unmöglichen vergessen.
Heilung ist in der Tat, wie wir es so oft im Evangelium lesen, die Antwort auf ein Glaubensgebet. Dieses Gebet kann das Gebet eines Kranken sein oder der Angehörigen, die ihn begleiten, bzw. einer religiösen Gemeinschaft oder einer Einzelperson.

Jesus ist immer noch derselbe – gestern, heute und in alle Ewigkeit! ER ist der Meister der Geschichte, und er wirkt und handelt, wie es ihm gefällt, ohne uns nach unserer Ansicht zu fragen oder um unsere Erlaubnis zu bitten, Wunder wirken zu dürfen. Wer sind wir denn, daß wir in Opposition gehen, uns dagegenstellen und versuchen, dem Werk unseres Gottes Schranken zu setzen? Wir sind überzeugt, daß ER keine Einwendungen gegen die Medizin hat; tausende Personen haben jedoch häufig kein Geld, um den Arzt, die Klinik oder die Medikamente usw. zu bezahlen.
Was ist schon Überraschendes daran, daß sich Gott um die Armen kümmert und daß er ihnen persönlich hilft? Warum die Tür vor jenen verschließen, die an das Wort Jesu glauben, welches da lautet: *„Kommet her zu mir alle, die ihr mühselig und beladen seid; ich will euch erquicken." (Mt 11, 28)*
Könnte es sein, daß wir uns an ein laues Christentum, das nach unserem Maß geschneidert ist, angepaßt haben? – Der HERR hat uns doch gerade durch diese erwähnten Zeichen gezeigt, daß er *lebt.*
ER richtet an uns einen Ruf; und da ER lebt, sind alle seine Forderungen an uns in Kraft – und gültig. Das Problem besteht jedoch für manche Menschen gerade darin, daß Christus lebt – und nicht tot ist!"
Bald darauf wurde es mir klar, daß ich in diesem Artikel einen doppelten Fehler begangen hatte, nämlich: die Heilungen zu beweisen, indem ich die Namen und Adressen der geheilten Personen angeführt hatte. Ich dachte, daß es die Evidenz der Tatsachen wäre, welche die Herzen der Menschen verändere, und nicht die Gnade des Glaubens. Ich lieferte den Ungläubigen das Zeichen des Himmels, das sie verlangt hatten, aber sie bekehrten sich nicht; denn die Zeichen sind nur Zeichen. Nur der Glaube läßt uns erkennen, was die Zeichen bedeuten, nämlich daß Gott die Menschen liebt, daß Christus lebt und daß die Kirche die Macht des Heiligen Geistes hat, um die Toten aufzuerwecken.
Der HERR erlaubte, daß ich mich wieder beruhigte und mir Rechenschaft darüber gab, daß ich mich gegen diese Angriffe nicht zu verteidigen bräuchte, ebensowenig wie er sich denen gegenüber, die ihn angeklagt hatten, verteidigt hatte. Wenn ich mich mit meinen Mitteln und Argumenten verteidigen würde, ließe ich es nicht zu, daß er mit seinen Mitteln mein Verteidiger wäre.
Andererseits liefe meine Verteidigung darauf hinaus, auf die Reini-

gung, die der HERR in meinem Leben vollziehen wollte, zu verzichten. Mit Hilfe so vieler Angriffe und so großen Unverständnisses wollte mich nämlich der HERR nach dem Antlitz seines Sohnes formen, indem er mich durch die Nacht von Golgatha gehen ließ, um die Herrlichkeit der Auferstehung zu erlangen.

In dieser Zeit kam ich zu der Überzeugung, daß Schmeichelcien gefährlicher seien als Kritik; denn Kritik kann das Feuer sein, das uns reinigt und die Unreinheiten unseres Herzens verbrennt. Ich erkannte, daß Schmeicheleien Gegenstand einer der härtesten Äußerungen Jesu waren:

„Weh' euch, wenn euch alle Menschen loben; denn ebenso haben es ihre Väter mit den falschen Propheten gemacht." (Lk 6, 26)

Ohne uns dessen bewußt zu sein, können wir vergessen, daß wir einfache, zerbrechliche Tongefäße sind; aber der HERR nimmt es auf sich, uns daran zu erinnern – mittels des Kreuzes des Nichtverstandenwerdens. In seiner Barmherzigkeit reinigt und erniedrigt uns der HERR, damit wir uns nicht den Ruhm aneignen, der ihm allein gebührt.

Das Kreuz ist die Wüste, in der sich der lebendige Gott offenbart. Aber man muß die Schuhe ausziehen, wenn man sich dem „brennenden Dornbusch" nähern will. Die Kritik ähnelt dem Vorhof des Tempels, in welchem wir vorbereitet werden, damit wir rein und geläutert in das Heiligtum des lebendigen Gottes eintreten – frei von allen Anhängseln, von denen die gefährlichsten diejenigen sind, welche wir als unsere Verdienste und unsere „apostolischen Tätigkeiten" bezeichnen.

Die Angriffe wurden so heftig und pausenlos, daß ich manchmal dachte, nicht mehr widerstehen zu können. Ich fühlte mich auf dem neuen Weg verlassen. Da bat ich eine treue, völlig Gott ergebene Schwester, für mich zu beten. Sie tat es und brachte mir eine Prophezeiung von Gott, die mich stärkte:

„Scheint es dir nicht normal, daß du, nachdem du die Freude des Palmsonntags geschmeckt hast, nun auch ein wenig die Karwoche zu kosten bekommst?"

Diese Worte des Heiligen Geistes heilten mein Inneres. Von da an sehe ich die Dinge anders – in einem tiefen Frieden. Wenn alles gut läuft, sage ich jetzt: *„Wir haben Palmsonntag."* – Wenn es Schwierigkeiten gibt, erkläre ich ganz einfach: *„Das ist die Karwoche. Sei es, wie es sei, das Osterfest ist nicht mehr fern. Preis dem HERRN!"*

Vor der Prüfung schenkt der HERR uns seine Liebe; und da er uns liebt, bietet er uns immer sein Kreuz an. Das Kreuz ist das Geschenk Gottes an diejenigen, die er liebt. Aber das Kreuz kann man weder verstehen noch annehmen, bevor man die Liebe Gottes erfahren hat. – Nach Gottes Plan liegt der Berg Tabor vor dem Kalvarienberg. Gott ließ mich die Herrlichkeit des Berges Tabor schmecken; aber er ließ nicht zu, daß ich dort mein Zelt aufschlage. Er hieß mich hinabsteigen und an seinem Kreuz teilnehmen – an dem Kreuz, das rettet und uns zur Auferstehung führt.
Unser Leben entwickelt sich wie die Geheimnisse des Rosenkranzes; es gibt den freudenreichen, den schmerzhaften und den glorreichen; aber alle und jeder endet mit dem *„Ehre sei dem Vater, dem Sohn und dem Heiligen Geist!"*
Jeden Tag erleben wir ein Mysterium. Unser Leben kann nicht immer freudig, glorreich oder schmerzhaft sein, sondern die Mysterien vermischen sich – zum Ruhme Gottes. Das Kreuz und die Auferstehung sind wie die Bilder Rembrandts, wo Licht und Schatten aufeinandertreffen, um die Schönheit auszudrücken.
Unser Volk war eingeschlafen, passiv, versunken in Lethargie. Doch der HERR kam zu uns und hat alle aufgerüttelt. Die Leute wandten sich an die Priester, um ihnen bezüglich dessen, was hier geschah, Fragen zu stellen. Daraufhin mußten sich die Priester durch Lektüre informieren, um ihnen zutreffende Antworten geben zu können.
Es trat sogar eine Bischofskonferenz zusammen, um eine Erklärung herauszugeben. Dies war für mich sehr wichtig, denn ich war überzeugt, daß dies, d. h. die „Charismatische Erneuerung", das Werk Gottes war; aber ich brauchte die Bestätigung der Bischöfe. Für mich waren sie die Stimme Gottes. Sie gaben eine Erklärung heraus, die den Titel trägt: „Der Papst genehmigt und ermutigt die charismatischen Gebetsgruppen." Dann folgte der Untertitel: „Monsignore Pepen (Landessekretär des Episkopats) genehmigt das Werk des Paters Tardif."
Als ich dies las, war ich sehr befriedigt; aber gleichzeitig mußte ich ein wenig lächeln: Dies war doch nicht mein Werk ...! – Wie der heilige Josef hatte ich nur die Gewißheit: dieses Leben, das im Schoße der Kirche geboren worden war, gehört nicht mir.
Ohne zu wissen, wieso, noch warum, erhielt ich von Monsignore Carlos Talavera eine Einladung. Ich sollte bei einer Freizeit der Priester in Guadalajara, in Mexiko, predigen. Von da an folgten weitere

Einladungen; ich sollte über die Wunder des HERRN, die ich in anderen Ländern Latein-Amerikas erlebt hatte, berichten.
Ich beginne zu begreifen, daß für die Kirche eine glorreiche Epoche ihren Anfang nimmt. Ich glaube, daß die Zeit gekommen ist, von den Dächern zu predigen, d. h. außerhalb geheiligter Räume; denn in unseren Kirchengebäuden gibt es nicht genügend Platz. Der HERR führt uns bis an die Grenzen der Erde, um davon Zeugnis zu geben, daß er lebt; überall dasselbe:
„Die Blinden sehen, die Lahmen gehen, die Aussätzigen werden rein, die Tauben hören, die Toten stehen auf, den Armen wird das Evangelium gepredigt." (Lk 7, 22)
Nach einer Reise nach Panama nahm ich meine Aufgaben in der Pfarrei wieder auf. Ich bereitete mich darauf vor, ein weit in den Bergen verstecktes Dorf zu besuchen. Ich mußte auf einem Esel reisen. Während dieser langsam dahintrottete, dachte ich: Wie verschieden ist doch mein Esel von der großen Boeing 747 der PAN-AM.
Wie wunderbar sind die Wege Gottes! Ob im Flugzeug oder auf einem Esel, wir sind immer seine Botschafter. Zehntausend oder 60 Menschen, immer sind es seine Kinder. Und diese „Kleinen" aus dem Bergland sind die wahren Armen Gottes. Der HERR ist so wunderbar, daß er, um unsere Demut zu erproben, uns auf einen Esel steigen läßt, nachdem er uns vorher im Flugzeug reisen ließ. Auf meinem Esel lernte ich aber eine große Lektion: Wir sind dazu berufen, so zu sein wie der Esel, der Jesus am Palmsonntag nach Jerusalem trug. Unsere Berufung ist, Träger Jesu Christi zu sein. Wir sind Tongefäße, die einen kostbaren Schatz in ihrem Innern beherbergen.
Vormals bemühten wir uns, einem Volk, das keinen Hunger nach Gott verspürte, Nahrung zu geben. Das Schlimmste dabei war, daß wir selbst das Brot des ewigen Lebens nicht geschmeckt hatten. Und jetzt schaffen wir es nicht, die ganze Welt mit Nahrung zu versorgen. Die Ernte ist reich, überfließend reich; aber der HERR ist noch größer und mächtiger.
Der Herr hat den Docht angezündet, und nun gibt es ein Feuer, das niemand mehr auslöschen kann.
Es fließt ein Fluß lebendigen Wassers; ein Fluß, der im Begriff ist, die Kirche zu überschwemmen, indem er sie reinigt, erneuert und heiligt.
Mehreren Paaren, die im Konkubinat lebten, wurde es bewußt, daß

sie so nicht weiter leben können. Nachdem sie die Bedeutung des Sakramentes der Ehe erkannt hatten, bereiteten sie sich ernsthaft darauf vor, es zu empfangen und danach zu leben. In einem Jahr feierten wir 306 Hochzeiten, eine ganz ungewöhnlich hohe Zahl.
Das größte Wunder, das ich in diesen Jahren miterlebte, war, daß der HERR Arbeiter für seine Ernte erweckte. Die Katecheten unter uns sind heute zahlreich. Wir haben so viele, daß unsere größte Verantwortung darin besteht, sie auszubilden und zu befähigen, die „Gute Nachricht“ weiterzugeben.
Zu Pfingsten, im Jahr 1976, hatten wir uns mit 120 Katecheten versammelt, um für eine neue Ausgießung des Heiligen Geistes auf uns alle zu beten. Den Heiligen Geist schätzen wir nicht nur als eine Gabe zur Erquickung unseres Herzens, sondern er wirkt in uns als eine spezielle Kraft, die der Welt verkündigt, daß Christus lebt und denen LEBEN gibt, die an seinen Namen glauben.
Ab und zu erhalte ich Briefe aus Frankreich, Latein-Amerika und den Philippinen. Andere schreiben mir aus Ländern, die ich nicht einmal auf der Karte ausfindig machen kann; zuweilen erhalte ich Korrespondenz in Sprachen und mit Zeichen, die ich nicht verstehe. Da ich den Inhalt dieser Briefe nicht übersetzen kann, lege ich sie einfach in die Hände des HERRN und bitte ihn, der ihren Inhalt ja kennt, sie gütigst beantworten zu wollen.
Ich erinnere mich nicht, jemals eine so gute Gesundheit besessen zu haben wie gegenwärtig. Ich kann alles essen und schlafe gut.
Der HERR schenkte mir eine glänzende Gesundheit und ich bin sehr froh, sie in den Dienst der Evangelisation seines Volkes stellen zu dürfen.
Ich glaube jedoch, daß das größte Geschenk, das er mir gab, das der Freude ist. Immerzu bin ich glücklich und habe mein Priestertum noch niemals so voll ausgelebt wie jetzt.

3. Jesus lebt!

Im Juni 1981 schenkte mir Gott – nach einer Evangelisationsreise in Algerien und Marokko – aus Gnaden die Möglichkeit, das Heilige Land zu besuchen.

Am Morgen nach meiner Ankunft erwachte ich frühzeitig, vor Sonnenaufgang, und begab mich in diese gewundenen Gassen der Stadt Jerusalem, indem ich dem Weg der Maria Magdalena, am Tage der Auferstehung Jesu, folgte.

Als ich beim heiligen Grabmal ankam, traf ich einen mexikanischen Freund, der sich in Kana mit einer hübschen Puertorikanerin vermählen wollte. Als wir eintraten, machte er mich auf eine griechische Inschrift aufmerksam, welche lautete:

„Was sucht ihr den Lebendigen bei den Toten? Er ist nicht hier; er ist auferstanden!" (Lk 24, 5-6)

Die Betroffenheit dieser frühen Morgenstunde, die wie das Echo des Palmsonntags war, hat mich noch immer nicht losgelassen. Derjenige, der am Kreuz starb, hat sein Grab verlassen und lebt! – Aus dem Dunkel dieses Grabes strahlt ein Licht hervor, welches alle Menschen erleuchtet und sie zu einer neuen Schöpfung macht.

Wenn Jesus sich nicht im leeren Grab zu Jerusalem befindet, dann ist er ganz gewiß überall in der Welt. Der einzige Platz dieser Erde, wo Jesus nicht ist, ist dieses Grab, das sogenannte Felsengrab, das ihm einer seiner Freunde, Josef von Arimathea, zur Verfügung gestellt hatte.

Jesus sandte seine Jünger nicht aus, um Theorien oder abstrakte Ideen zu lehren, sondern um Zeugnis zu geben von dem, was sie gesehen und gehört hatten.

Es scheint jedoch leider so zu sein, daß wir eher bestrebt sind, eine Doktrin zu lehren, als Leben zu vermitteln. Um im LEBEN Gottes zu wachsen, muß man aber zuerst durch die Kraft des Heiligen Geistes geboren worden sein.

Ein Evangelist ist vor allem ein Zeuge, der eine persönliche Erfahrung des Todes und der Auferstehung Jesu Christi besitzt und der den anderen – nicht so sehr eine Doktrin – als vielmehr eine lebendige Person vermittelt, die das LEBEN in Fülle schenkt. Dann, erst dann, und immer erst dann, soll man Katechese und Moral unterrichten. Oftmals ermahnen wir die Leute, die Gebote Gottes zu hal-

ten, bevor sie noch den Gott der Gebote kennen. Wir dürfen nicht vergessen, daß diese Gebote erst nach der Theophanie, dem Erscheinen Gottes auf dem Berg Sinai, den Menschen gegeben worden waren.
Niemand kann ein echter Botschafter des Evangeliums sein, wenn er nicht selbst die Erfahrung des neuen Lebens, das Jesus Christus uns schenkt, gemacht hat. Wenn wir Zeugnis geben von dcm, was der HERR nach seiner Auferstehung getan hat, dann ändert sich alles. Die Predigt wird dann von Zeichen und Wundern begleitet – wie der HERR es verheißen hat.
In Janico bat mich eines Tages der Pfarrer, einen Gottesdienst zu halten. Vorsichtigerweise machte er mich darauf aufmerksam, daß die Herzen der Menschen ziemlich verhärtet seien und daß die Leute nicht gern in die Kirche gingen. Am ersten Abend waren nur wenige Besucher anwesend. Auf dem Boden ausgestreckt lag jedoch ein Mann, der eher einer Puppe aus Lumpen, die nicht aufrecht stehen konnte, als einem Menschen ähnlich war. Außerdem war er an beiden Armen gelähmt und konnte selbständig weder essen noch gehen. Wahrlich, ihn anzusehen, erregte Erbarmen und Mitleid.
Im Stillen dachte ich: Warum bringt man denn diesen Mann hierher? – Dieses so bedauernswerte Bild betrachtend, sagte ich zu den Anwesenden:

„Wir werden für diesen Menschen beten, damit ihr ihn anschließend mitnehmen könnt."

Zu Beginn des Gebetes fing der Mann an zu schwitzen und zu zittern. Als ich dies sah, erinnerte ich mich, daß auch ich eine starke Wärme verspürt hatte, als mich der HERR heilte. Dann ermutigte ich ihn:

„Steh auf, der HERR ist im Begriff, dich zu heilen!"

Daraufhin nahm ich ihn bei der Hand und befahl ihm zu gehen. Er ging bis zum Tabernakel. Dort gab er sein Zeugnis. Er sagte, daß er seit 19 Jahren nicht aufrecht stehen und keinen einzigen Schritt laufen konnte.
Ich dachte bloß: Zum Glück wußte ich es nicht, daß er seit so langer Zeit bewegungsunfähig war, sonst hätte ich es nicht gewagt, ihm zu befehlen aufzustehen.
Nachdem alle Anwesenden die Kirche verlassen hatten, überquerten wir an diesem Nachmittag die Straße und setzten uns auf den Kir-

chenvorplatz. Dort ergänzte der glückliche Mann noch sein Zeugnis mit folgenden Worten:
„Der Herr hat sogar meine Arme geheilt, ich kann sie jetzt beugen!“
Dank diesem Gelähmten war unsere Kirche am nächsten Tag total überfüllt. Es konnten nicht einmal alle Einlaß finden; mehrere Personen standen hinter den Jalousien und an der Kirchentür.
Von dem Tag an, an dem wir die Kraft des Zeugnisses einsetzen werden, wird sich auch unsere Predigt ändern!
Früher bereitete ich meine Ansprachen sehr sorgfältig vor. Ich studierte die klassischen Autoren und las die modernen Theologen. Meine Vorbereitung war so gründlich und so tief, daß ich den Wunsch hatte, nichts von dem, was ich sagen wollte, zu vergessen. Ich schrieb daher alles auf und las es vor, um von all diesen Reichtümern, die ich weitergeben wollte, nur ja nichts zu verlieren.
Aber auch in diesem Punkt änderte mich der HERR. Eines Sonntags sprach er, angesichts der wohlaufgesetzten Aufzeichnungen meiner Predigt, zu mir:
„Wenn du, der du soviel studiert und so maßlos viel gelesen hast, nicht fähig bist, dir dies alles zu merken, um es wiederzugeben, wie kannst du erwarten, daß diese einfachen Menschen, die nicht die Vorbereitung haben, die du hattest, es in ihr Herz aufnehmen können? Und wie sollen sie dann danach leben?“
Von da an änderte ich meine Predigt. Jetzt gebe ich nur noch Zeugnis von der Macht Gottes, von dem, was er im Begriff ist zu tun, und ich wähle Beispiele von der Liebe Gottes.
Ich habe auch noch eine andere wichtige Lektion gelernt: Das Wesentliche besteht nicht darin, von Jesus gut zu reden, sondern ihn mit der ganzen Kraft des Heiligen Geistes wirken zu lassen. Was nützt es schon, von Jesus wundervoll zu sprechen, wenn wir ihn nicht durch uns wirken lassen können? Das Reich Gottes ist Kraft und Macht, die von oben kommt und sich unter uns offenbaren will.
Eines Tages predigte ich lange, länger als eine Stunde. Am Ende meiner Predigt näherte sich mir, ein wenig gereizt, ein Priester, der auf seine Uhr hinwies und sagte:
„Die Predigt des Paters Tardif gefiel mir nicht; denn er hat 67 Minuten lang von Wundern, und immer wieder von Wundern, gesprochen, ohne auch nur ein einziges Wunder aus den Evangelien zu erwähnen!“
Jemand, der ihn hörte, erwiderte:

„Wozu braucht man von Wundern, die vor 2 000 Jahren geschahen, zu sprechen, wenn man von denen reden kann, die Jesus vergangene Woche tat?"
Was mich anbelangt, würde der Rest meines Lebens nicht ausreichen, um all das zu erzählen, was Gott in den vergangenen 10 Jahren getan hat – so unzählbar waren seine Wunder. Deshalb berichte ich, wenn ich bloß eine Stunde Zeit habe, nur von den allerjüngsten Segnungen.
Ich habe schon in fünf Kontinenten gepredigt, wobei ich immer von demselben herrlichen Ereignis erzählte; denn ich habe von nichts anderem zu zeugen als von der erbarmenden Liebe Gottes.
Ich bin ein Zeuge der Gnade Gottes für die Menschen aller Länder und aller Sprachen. Die Kraft des Heiligen Geistes hat mich zu einem Verkündiger des lebendigen Christus gemacht.
Manchmal findet man nicht einmal Zeit zum Essen. Nach mehreren Stunden Reise beginnt man, trotz der Ermüdung, gleich zu evangelisieren. Aber der HERR offenbart seine Kraft trotz unserer Schwäche.
Anläßlich einer Veranstaltung in Lourdes (Frankreich) waren Priester aus verschiedenen europäischen Ländern zusammengekommen. Es war sehr ermüdend, sich nach den Vorträgen in den Beichtstuhl zu setzen und anschließend wieder einen Vortrag zu halten oder die Eucharistie zu feiern.
Nach meinem Vortrag kamen einige Priester zum Beichten. Der erste war ein Holländer, der nicht gut französisch sprach. Nach der Beichte fragte er mich:
„Pater, können Sie um meine Heilung beten? Ich bin stumm auf dem linken Ohr."
Das klang so urkomisch, daß ich wegen seines „stummen" Ohres beinahe losgelacht hätte; ich sagte dann:
„HERR, wenn du diesen Menschen heilst, wird das die größte Heilung in der Welt sein."
Gleich darauf kam ein anderer Priester, der mich lachend antraf. Ich konnte die Wendung „stumm auf dem Ohr" nicht vergessen und mußte noch die ganze Zeit, so lange wie die Beichten andauerten, lächeln. Anschließend sprachen die Priester über mich:
„Wie glücklich Pater Emiliano doch ist; obwohl er viel Arbeit hat, ist er immer fröhlich und zufrieden!"
Andere sagten:

„Wie angenehm ist es, bei einem Priester zu beichten, der immerzu lächelt, wenn er uns begrüßt."
Der HERR bediente sich dieses „auf dem linken Ohr stummen" Menschen, um mir zu zeigen, daß er ein Gott des Frohsinns ist, der sich freut und uns annimmt, wenn wir uns ihm nähern. Unser Gott hat viel Humor, darüber gibt es wohl keinen Zweifel.
Eines Tages, nachdem ich vor einer großen Menschenmenge im Stadion gepredigt hatte, fragte mich jemand:
„Pater, haben Sie keine Angst bzw. Beklemmung, vor so vielen Menschen zu sprechen?"
Ich erwiderte ihm lächelnd:
„Wenn man sicher ist, daß man eine gute Nachricht weitergibt, kann man auf Dächer steigen, im Gefängnis Zeugnis geben und in Sportstadien sprechen. Ich gebe bloß von dem Zeugnis, was ich selbst gesehen habe. Andernfalls würde es mir schwerfallen zu reden, das können Sie mir glauben!"
Wenn man den lebendigen Christus nicht erlebt hat, ist man genötigt, von tausend Sachen zu sprechen, nur nicht von Jesus – und das ist lästig.
In unseren Tagen brauchen wir kein neues Evangelium, sondern vielmehr eine neue Art von Evangelisation: Mit Macht und Wirkung verkündigen, daß *Christus lebt* – und nicht Theorien wiederholen, die wir gehört oder gelesen haben; unser eigenes Zeugnis über selbst erfahrene Erlebnisse sollten wir bringen! Heute müssen wir mit der Macht des Heiligen Geistes evangelisieren, wobei Zeichen und Wunder, die bei der Predigt des Evangeliums normal sein sollten, unsere Worte begleiten.
Beim Kongreß in Montreal, im Juni 1977, füllten bei der Abschlußfeier mehr als 55 000 Personen das Olympische Stadion. Es waren darunter: der Kardinal Roy, 6 Bischöfe und 920 Priester. Auch der Bürgermeister der Stadt war anwesend. In der Nähe des Altars waren mehr als 100 Kranke in ihren Rollstühlen aufgestellt.
Nach der heiligen Messe leitete ich das Gebet für die Kranken. Das ganze Stadion lobte Gott, als ganz plötzlich eine Frau, Rose Aimée, die seit 11 Jahren an Sklerose litt, sich aus ihrem Rollstuhl erhob und vor den Augen aller zu gehen begann. An anderer Stelle stand ein Mann auf, etwas weiter ein anderer, dann noch einer. Zwölf Gelähmte erhoben sich aus ihrem Rollstuhl und begannen zu laufen.
Die Leute applaudierten oder weinten, zutiefst ergriffen.

Am nächsten Morgen stand in der bedeutendsten Zeitung der Stadt:
„Höchst Erstaunliches im Olympischen Stadion: Die Lahmen gehen!“
Das Journal von Montreal schrieb folgendes:
„Die auf ihren Betten lagen, standen auf und konnten wieder gehen!“
Daß die Gelähmten wieder gehen konnten, war nicht überraschend. Erstaunlicher wäre es gewesen, wenn sie es nicht getan hätten. Das wäre schon recht sonderbar, wenn Jesus seine Versprechen nicht hielte.
Am nächsten Tag interviewte man mich im Fernsehen, wobei man mich fragte:
„Glauben Sie nicht, daß alle diese Heilungen auf den Masseneffekt zurückzuführen seien, auf die Erregung, auf das Beifallklatschen der Menge?“
Ich erwiderte darauf:
„Nun, dann sollten Sie mir erklären, warum bisher bei keinem Fußball- oder Baseballspiel ein Gelähmter aufstand bzw. ein Krebskranker geheilt wurde, als seine Lieblingsmannschaft gewann!“
Die einzige Antwort ist, daß Jesus von den Toten auferstanden ist und heute noch mitten unter uns lebt und wirkt. Laßt uns keine andere Erklärung suchen! Andernfalls werden wir immer in die Irre gehen.
Die Pläne des HERRN bringen mich oft zum Lachen; denn er zeigt viel Humor, wenn er einen Landpfarrer vor Theologen aus verschiedenen Ländern stellt, damit er die „Gute Nachricht“ predige. Ich bringe ihnen nichts bei. Ich gebe ihnen nur das Zeugnis von der barmherzigen Liebe Jesu.
Im Jahr 1981 predigte ich, zusammen mit Pater Albert von Monléon, in einer Versammlung vor 320 Priestern in Lisieux, in Frankreich. Unter den Anwesenden gab es viele sehr intelligente Priester, auch einige sehr kritische, und selbst Skeptiker fehlten nicht. Nach einem glänzenden Exposé des Paters Albert aus Monléon kam ich an die Reihe. Ich fühlte mich ganz klein vor diesen so klugen Menschen, die so viele Titel besaßen. Ich fühlte mich ganz arm vor dem Kardinal Suenens und den anderen Bischöfen. Daraufhin bat ich den HERRN und sagte ihm:
„HERR, was soll hier ein Priester, der von einem so unbedeutenden Ort auf einer so kleinen Insel kommt, daß diese so klugen Menschen nicht einmal wissen, wo diese Insel liegt. HERR, laß mich nicht allein, ich bitte Dich sehr!“

Zum Glück heilte der HERR gleich am ersten Abend einen Priester, der an Venenentzündung litt, und aufgrund dieser Heilung hörten alle Diskussionen auf. Am nächsten Tag in der Frühe schob der Priester im Speisesaal die Hosenbeine in die Höhe und zeigte seine beiden vollkommen geheilten Beine. Dieses Zeugnis diente viel besser dazu, die Herrlichkeit Gottes zu zeigen, als meine armseligen Vorträge.

Kardinal Renard, überrascht von den wunderbaren Heilungen durch den HERRN, erhob sich nach einem Vortrag, den ich vor Priestern in Lyon (Frankreich) gehalten hatte, und erklärte:

„Es ist für uns schwer, das geheimnisvolle Wirken des Heiligen Geistes anzunehmen, da wir Rationalisten sind, alle mehr oder weniger Söhne von Descartes und sogar, ein bißchen, von Voltaire. Deshalb fällt es uns schwer, den Heiligen Geist in uns wirken zu lassen; weht er doch, wo er will, ohne sich der logischen Preßform unserer Ratio anzupassen und ohne sich auf diese Weise einzuengen. Wir bauen ihm Geleise, denen er folgen soll; er aber fliegt außerhalb von ihnen. Wir bieten ihm einen Kanal, wo er wehen sollte; er aber weht seitlich daneben. Der Heilige Geist folgt eben nicht unserem pastoralen Programm. Sicherlich brauchen wir eine pastorale Methode. Aber die Grundlage jeder Glaubenspädagogik besteht gerade in der Annahme der Tatsache, daß es nicht wir sind, die das Wirken des Heiligen Geistes dirigieren, sondern daß ER es ist, der uns leitet. Jede Methodik muß hinreichend durchlässig sein, damit sie der Heilige Geist benutzen und darüber hinaus sogar ändern kann.

Die Gaben des Heiligen Geistes sind verschiedenartig und real. Vielleicht aufgrund unseres Rationalismus oder unseres Mangels an Glauben sind wir der Meinung, daß diese Gaben Märchen aus der Vergangenheit seien. Die gegenwärtige Welt ist aber auf der Suche nach Menschen, die Träger des GEISTES sind d. h. christliche, vom Heiligen Geist inspirierte Propheten. Wenn sie aber diese nicht findet, wird sie den „Illuminierten" folgen, was außerordentlich gefährlich wäre. Die Kirche ist ein fortdauerndes Pfingsten und nicht ein permanenter, fortwährender Rationalisierungsprozeß."

Diese letzten Worte des Kardinals erinnern mich an eine Anekdote, die nicht in der Bibel steht:

Eines Tages war Jesus mit seinen Jüngern beisammen und fragte sie:

„Und ihr, was sagt ihr, wer ich sei?"

Simon Petrus erhob sich und erwiderte:

„Du bist die eschatologische Theophanie, welche ontologisch die Intentionalität unserer unterbewußten und zwischenmenschlichen Beziehungen aufrechterhält.“

Jesus, ganz überrascht und erstaunt: *„Was sagst du da?“* –
Aber Petrus konnte seine Definition nicht mehr wiederholen, denn er hatte sie inzwischen vergessen. Es handelte sich nämlich nicht um etwas, was er im Herzen, sondern nur in seinem Kopf hatte.
Die Welt hat es satt, Theorien und literarische Blütenlesen zu hören. Sie hat Hunger nach lebendigen und wirkungsvollen Worten, welche auch bewirken, was sie beinhalten.
Papst Paul VI. erklärte:
„Die Welt von heute hat es satt, Meistern zu folgen. Sie läßt sich nur von Zeugen mitreissen, welche die Erfahrung des neuen Lebens gemacht haben; jenes Lebens, das Jesus Christus uns gebracht hat.“

Das Evangelium des heiligen Lukas berichtet, daß am Sonntagabend zwei Jünger Jesu von Jerusalem nach Emmaus zurückkehrten. Sie waren traurig und deprimiert; denn mit dem Tod ihres Meisters hatten sich alle ihre Hoffnungen auf Wiederherstellung des Königreiches Israel verflüchtigt.
Jesus, in Menschengestalt, schloß sich ihnen unterwegs an, und einer von den beiden, namens Cléophas, begann Jesus, den er nicht erkannt hatte, eine Lektion in Christologie zu erteilen. Er erwähnte mit großem Nachdruck jede einzelne seiner Taten, jedes Wunder und alle seine Worte. Er erzählte auch von seinem grausamen Tod am Kreuz, dessen Zeuge das ganze Volk gewesen war. Als er aber zur Auferstehung kam, konnte er nicht aus eigener Erfahrung sprechen; er beschränkte sich daher darauf, das zu wiederholen, was einige Frauen berichtet hatten: Engel hätten es gesagt.
Ähnlich wiederholen einige Prediger in der Kirche nur das, was Theologen geschrieben oder was sie von ihren Lehrern in den Vorlesungen gehört haben. Sie selbst aber haben keine persönlichen Erfahrungen mit dem auferstandenen Jesus gehabt; Erfahrungen, die man durch den Heiligen Geist machen und sogar auch körperlich verspüren kann.
Solange man diese persönliche Begegnung mit dem auferstandenen Christus nicht gehabt hat, wird man die Theorien oder die Unterweisungen anderer Menschen wiederholen. Wir sind aber dazu berufen, „Zeugen“ von dem zu sein, was wir predigen. Aber um ein

echter Zeuge zu sein, muß man ein eigenes Erlebnis mit dem lebendigen Gott gehabt haben.
Eines Tages nahm man mich mit, um den großartigen hydro-elektrischen Komplex von Itaipu in Paraguay zu besichtigen. Das war sehr beeindruckend. Die Menschen, und selbst die Lastwagen, schienen unbedeutende Ameisen zu sein, angesichts dieser gigantischen Betonmauern des Stausees. Man produziert hier soviel Energie, daß diese den Bedarf des ganzen Landes deckt, und darüber hinaus noch einen Teil des Bedarfs von Brasilien und Argentinien.
Als es Nacht wurde, waren wir wieder zurück. Ich bemerkte dann, daß einige Häuser der Arbeiter dieses Elektrizitätswerkes keinen elektrischen Strom hatten und nur schwach durch kleine Wachskerzen erleuchtet waren. Nur wenige Meter von den Turbinen und den größten Stromgeneratoren der Welt entfernt, gab es keine Elektrizität, sondern nur Kerzen. – Der Grund: Die notwendigen Leitungen, um die elektrische Energie zu transportieren, waren noch nicht gelegt.
Seht, was auch bei uns zuweilen vorkommt. Anstatt durch den elektrischen Strom wird unser Leben von Kerzen erhellt; denn wir sind nicht an Jesus angeschlossen, der das Licht der Welt ist. Es gibt sogar Leute, die im Dienst der Kirche arbeiten, denen aber trotzdem das Licht in den Herzen fehlt.
Wir sind wie Touristen, die im Angesicht einer schönen Landschaft ihre Polaroid-Kamera zücken, um ein Foto zu machen, und anschließend das Foto auf dem Papier betrachten, anstatt die wahre Landschaft zu bewundern und sich von ihr beeindrucken zu lassen.
Es gibt viele Christen, die das statische Foto von Jesus aufbewahrt haben und ihn nicht von Angesicht zu Angesicht kennen; denn sie haben nie eine persönliche Begegnung mit ihm gehabt. Sie wiederholen nur immer wieder, was sie gehört haben; aber sie haben nicht die Erfahrung des neuen Lebens gemacht.
Das neue Leben besteht gerade in der Kenntnis, das heißt in der Erfahrung Gottes und seines Gesandten Jesus Christus.
Der wahre Evangelist ist jener, der sein persönliches Zeugnis vorbringt, seine eigene Heilserfahrung hat und der bestätigen kann, daß Jesus lebt; denn er hat eine persönliche Begegnung mit ihm gehabt, so wie die Apostel, die versicherten:
„Wir können unmöglich von dem schweigen, was wir gesehen und gehört haben.“ (Apg 4, 20)

Der wahre Evangelist ist nicht jener, der von Jesus redet, sondern derjenige, der fähig ist, den zu evangelisierenden Personen den lebendigen Jesus vorzustellen, damit sie wie die Samariter zu ihm sagen:
„Nicht mehr auf dein Reden hin glauben wir. Denn nun haben wir selber gehört und wissen, daß dieser wirklich der Retter der Welt ist." (Joh 4, 42)
Aber niemand wird das Leben des auferstandenen Christus weitergeben können, wenn er nicht vorher selbst im Licht des Heute die Erfahrung des lebendigen Jesus gemacht hat.

4. Wort der Erkenntnis

In der letzten Zeit hat man viel vom „Wort des Wissens“ gesprochen, das gewisse Menschen aufgrund einer exakten Übersetzung als „Wort der Erkenntnis“ bezeichnen.
Dies ist ein sehr schönes Charisma, durch das Gott enthüllt bzw. mitteilt, was vergangen ist oder in der Heilsgeschichte der Menschen im Begriff ist, zu geschehen. Aufgrund dieser Offenbarungen kann man auf die Wurzel eines Problems stoßen, auf die Ursache einer Blockierung oder zur Erfahrung einer Heilung gelangen.
Eines Tages erschien eine Frau, die sehr deprimiert war, weil ihre Tochter infolge einer sonderbaren Krankheit gezwungen war, ihr Studium aufzugeben. Sie erzählte mir, daß das junge Mädchen unter sehr eigenartigen Angriffen leide: sie werde oft bewußtlos, als ob sie an Epilepsie litte. Ohne Ergebnis hatten sie bereits mehrere Ärzte konsultiert. Sie suchten auch Psychologen auf, ohne daß eine Besserung eintrat. Sie begingen sogar den Fehler, einen Zauberer zu konsultieren. Dann wurde es ihnen völlig klar, daß sie einen Exorzismus bräuchten.
Die Mutter erzählte, während das junge Mädchen schwieg. Es antwortete nicht einmal auf meine Fragen. Da ich keine Information besaß und auch nicht wußte, worum ich für sie beten sollte, betete ich in „Sprachen“. Dabei kam mir ein Wort in den Sinn, das ständig meinen Geist bewegte: „Abtreibung“. Ich öffnete die Augen und fragte das Mädchen, ob sie etwas mit Abtreibung zu tun gehabt hätte. Überrascht fragte sie mich:
„Wer hat es Ihnen gesagt?“
Mit Tränen in den Augen erzählte sie mir, daß sie mit ihrem Verlobten Beziehungen hatte und schwanger wurde. Da sie aus einer sehr bekannten Familie stammte, bekam sie große Angst und beschloß abzutreiben. Damit hatte sie eine weitere Sünde auf sich geladen. Wenn sie nur daran dachte, wurde sie ohnmächtig.
Sie tat dann Buße, beichtete, und ich betete für ihre innere Heilung. Der HERR verzieh ihr und heilte sie; daraufhin bekam sie keine Ohnmachtsanfälle mehr. Der HERR hatte mir die „Kenntnis“ der Wurzel des Problems geschenkt. Das Mädchen war weder besessen, noch litt sie an irgendeiner Krankheit.
Durch diese Gabe der Erkenntnis kann Gott auch die Heilungen of-

fenbaren, die er inmitten der Gemeinde gerade wirkt. Dann kann man der Versammlung mitteilen, was der HERR gerade tut.
Im Jahr 1975 wurde ich zum Delegierten der Dominikanischen Republik für die 2. Konferenz der Leiter der „Charismatischen Erneuerung“ in Rom ernannt. Als ich dies meinen Oberen mitteilte, antworteten sie mir:
„Überlaß deinen Platz jemand anderem, denn es ist besser, wenn das Land durch einen Eingeborenen vertreten wird.“
Es fiel mir sehr schwer, mich damit abzufinden; ich dachte nämlich, daß ich eine wunderbare Gelegenheit, die Erneuerungsbewegung kennenzulernen, versäumen würde. Aber im Glauben entdeckte ich den Willen Gottes in der Entscheidung meiner Oberen.
An dem Tag, an dem ich mich im Flugzeug nach Rom hätte begeben sollen, war ich auf einem Pferd unterwegs, um eine kleine, ganz in den Bergen versteckte Ortschaft zu besuchen. Ich feierte dort die heilige Messe und betete für die Kranken. Während ich in „Sprachen“ betete, kam ein Wort, ganz stark, in meinen Geist: „Epilepsie“. Ich betete weiter, dann hielt ich inne und schwieg; schließlich fragte ich – im Risiko des Glaubens:
„Gibt es hier jemanden, der an Epilepsie leidet? Der HERR ist gerade dabei, dich zu heilen.“
Einige Momente herrschte gespanntes Schweigen – es kam mir wie eine Ewigkeit vor. Dann hob die Schulleiterin die Hand und sagte:
„Pater, meine Tochter ist es; sehen Sie, da ist sie.“
Es handelte sich um ein junges Mädchen von ca. 15 Jahren; sie zitterte und schwitzte. Der HERR heilte sie und sie wurde frei von den Anfällen.
Dies war das zweitemal, daß mir der HERR ein „Wort der Erkenntnis“ schenkte. An dem Tag, als ich meinen Oberen gehorchte, machte mir der HERR dieses Geschenk, das mir in meinem Dienst viel mehr nützte als alle Vorträge, die ich in Rom hätte hören können.
Das „Wort der Erkenntnis“ ist ein Charisma des Heiligen Geistes, welches diejenigen, die es erleben, sehr überrascht. Es handelt sich hier um die Mitteilung einer inneren Gewißheit – einer Gewißheit, die man weder durch Überlegung noch durch Schlußfolgerung gewinnen kann. Es ist so, als ob ein Gedanke plötzlich mit großer Intensität in unseren Geist einbricht. Dieser Gedanke belegt uns mit Beschlag, gleichsam wie ein lautloses Wort; ein Wort, das aus dem Innern unseres Wesens kommt und lange in unserem Geist gegen-

wärtig bleibt. Die Folge davon ist, daß wir, mit der Gegenwart dieses Wortes im Geist, einer Sache gewiß sind, wobei wir gleichzeitig davon überzeugt sind, daß diese Gewißheit nicht aus uns, sondern durch den Heiligen Geist, als ein Geschenk Gottes, in unseren menschlichen Geist eingegeben wurde.

Ganz sicher ist, daß so etwas existiert. Ich glaube, daß Nathan ein „Wort der Erkenntnis" bekommen hatte, als er das Geheimnis in Davids Herz entdeckte (2 Sam 12, 1-15). – Petrus bekam auch ein „Wort der Erkenntnis" im Falle von Ananias und Saphira (Apg 5, 1-11). – Das „Wort der Erkenntnis" scheint auf derselben Linie wie die Prophetie zu liegen.

Anläßlich einer Freizeit in Samana, in der Dominikanischen Republik, kam mir mitten in der Predigt ein „Wort der Erkenntnis", das ich mit allem Nachdruck in meinem Geist unterdrücken wollte. Um mich jedoch auf meinen Vortrag konzentrieren zu können, sagte ich:

„Es ist hier ein Mann, der zu diesem Treffen kam und aus diesem Anlaß eine Auseinandersetzung mit seiner Frau gehabt hatte. Sie hatte ihn zum Treffen eingeladen und sich dafür verbürgt, daß sich sein Leben ändern würde, wenn er mit ihr hinginge."

Er erwiderte ihr: *„Ich werde zu deinem Treffen hingehen; aber ich werde mich nicht ändern!"*

Dieser Mann ist hier, und der HERR sagt ihm, daß er seine Freiheit respektiere. Er möge jedoch daran denken, was der heilige Augustin gesagt hat:

„Ich fürchte den Gott, der vorübergeht und nicht wiederkehrt!"

In dem rückwärtigen Teil der Kirche fiel ein großer, starker Mann auf die Knie und brach in Tränen aus. Nach der Meßfeier kam er zum Priester und bestätigte ihm alle Einzelheiten des „Wortes der Erkenntnis". Er beichtete, übergab sein Leben Gott und fügte hinzu:

„Pater, wenn Sie mich zu irgendetwas brauchen können, ich stehe Ihnen zur Verfügung."

Das „Wort der Erkenntnis" ist also ein klarer Gedanke, der uns in den Sinn kommt. In dem Maße, in welchem wir ihn mitteilen, kommen die Details zum Vorschein. Diese Erfahrung ist ähnlich derjenigen, die man bei der Lektüre einer Botschaft macht, die auf die Servietten einer Kleenex-Schachtel aufgeschrieben wurde: Auf der ersten Serviette stehen die Worte, die ich lesen muß; dann ziehe ich diese Serviette heraus und lese, was auf der zweiten steht.

Man kann weder lesen noch verstehen, was auf der dritten steht, wenn man nicht die beiden vorhergehenden gelesen hat. – Ganz ähnlich ist es auch bei den „Worten der Erkenntnis", die man vom Heiligen Geist empfängt.

Wie erkennt man die Echtheit eines „Wortes der Erkenntnis"? – Einzig und allein aufgrund des Ergebnisses. Die Zeugnisse sind das Mittel, um zu erkennen, ob das Wort vom HERRN kam oder nicht. Gewisse Dinge bringen nur Frucht, wenn sie von Bestätigungen begleitet werden. So zum Beispiel erscheint es zweifelhaft und könnte sogar mehr Kritik als Gotteslob hervorrufen, wenn man Heilungen durch ein „Wort der Erkenntnis" ankündigte, und sie nicht durch Zeugnisse beglaubigt würden.

Im November 1982 predigte ich in mehreren „Freizeiten" in französisch Polynesien. Man bereitete eine Meßfeier im Gebiet des Erzbistums von Tahiti vor. An diesem Abend waren unter dem sternbesäten Nachthimmel, der mich an das Versprechen, das Gott Abraham gab, erinnerte, mehr als 5 000 Menschen auf dem freien Platz versammelt.

Nach der Kommunion betete ich für die Kranken. Die ganze Menge betete in „Sprachen" mit. Es war ein Augenblick voll inniger Glaubensglut. Während der Geist in uns sang, kamen „Worte der Erkenntnis".

Diese Botschaften kommen leichter beim Sprachengebet, da der Kanal unseres Geistes frei und daher für den Empfang des Heiligen Geistes verfügbarer ist. Unter diesen Worten des HERRN war eines, das mich durch seine Präzision besonders überraschte:

„Es ist hier eine Person, die zum erstenmal zur heiligen Messe gekommen ist. Sie kam von weither und leidet an Schmerzen der Wirbelsäule in der Höhe des vierten Wirbels. Der Schmerz wurde durch das Herabfallen einer Kokosnuß verursacht. In diesem Augenblick erfaßt eine starke Wärme deinen Rücken. Der HERR ist gerade dabei, dich zu heilen. Du wirst bald das Zeugnis deiner vollständigen Heilung geben."

Am nächsten Tag hatten wir eine weitere Eucharistiefeier. Die Teilnehmerzahl war noch stärker angewachsen. Wir erlebten eine unvergeßliche Erfahrung der Kraft und des Erbarmens Gottes. Vor Beendigung des Gottesdienstes benutzte ich die Gelegenheit, Personen, die am Vorabend geheilt worden waren, um Zeugnisse zu bitten.

Unter anderem war darunter auch das Zeugnis einer Frau, die folgendes berichtete:

„Seit meiner Geburt bin ich Protestantin. Ich hatte, mit Ausnahme von gestern, noch niemals einer katholischen Meßfeier beigewohnt. Da ich starke Schmerzen in der Wirbelsäule hatte, habe ich mich von einer Frau überreden lassen, zum Gottesdienst mitzukommen. Obwohl ich eine weite Wegstrecke zurücklegen mußte, wollte ich unbedingt hierher, da ich gehört hatte, daß der HERR am vergangenen Abend mehrere Kranke geheilt hatte. So kam ich gestern in diese Kirche, um Gott um meine Heilung zu bitten.

Als der Priester ankündigte, daß eine Person, die Wirbelsäulenschmerzen habe, gerade geheilt würde, fühlte ich im Rücken eine intensive Wärme aufsteigen.

Als er hinzufügte, daß der Schmerz in der Höhe des vierten Wirbels sitze, begriff ich, daß Gott mich heilen wollte. Was mich aber am meisten überraschte, war die Bemerkung, daß das Übel durch das Herabfallen einer Kokosnuß verursacht worden war. Tatsächlich, vor eineinhalb Jahren, als ich Kokosnüsse an Touristen verkaufte, schlug ich sie mit einem Stock von der Kokospalme herunter. Eine davon fiel mir auf den Rücken und traf dabei den vierten Wirbel.

Da ich damals schwanger war, zog es der Arzt vor, bis nach der Geburt des Kindes mit der Operation zu warten. Danach sagte er mir, er wisse nicht, wie er operieren solle, da der Wirbel sich gleichsam mit den anderen Wirbeln verschweißt habe. Ich litt starke Schmerzen, besonders nachts, wenn ich, um einschlafen zu können, eine bequeme Lage im Bett suchte.

Gestern abend, als ich diese angenehme Wärme spürte, kamen mir die Tränen. Ich fühlte in mir sehr stark die Nähe des HERRN. Als ich nachhause kam, wurde ich mir darüber klar, daß ich vollkommen geheilt bin. Jetzt habe ich in der Wirbelsäule keine Schmerzen mehr, und ich möchte öffentlich dem HERRN für seine große Güte Dank sagen."

Auch ich dankte Gott; denn alle Details stimmten genau. Das half auch mir, noch mehr an das „Wort der Erkenntnis" zu glauben; an ein Wort, das uns vom Heiligen Geist geschenkt wird und keine physische Wahrnehmung oder nur psychologisches Wissen ist. Die Details sind nämlich zu exakt, als daß sie die Frucht der Phantasie sein könnten. In diesem besonders genauen Fall konnte ich anhand der Cassette, auf der das Zeugnis aufgenommen worden war, über-

prüfen, daß alle Einzelheiten übereinstimmten. – Als diese Frau ihr Zeugnis gab, lobten alle den HERRN, und der Glaube an die Gegenwart des auferstandenen Jesus wurde auf diese Weise bei den versammelten Christen auferbaut und gestärkt.
Es handelt sich hier genau um das, was der Samariterin am Jakobs-Brunnen passierte, als ihr Jesus durch ein „Wort der Erkenntnis" enthüllte:
„... du hast richtig gesagt: Ich habe keinen Mann. –
Denn fünf Männer hast du gehabt, und der, den du jetzt hast, der ist nicht dein Mann. Damit hast du die Wahrheit gesagt." (Joh 4, 17-18)
Nach dem Gespräch mit Jesus lief die Samariterin in die Stadt und forderte die Leute auf:
„Kommt her, seht, da ist ein Mann, der mir alles gesagt hat, was ich getan habe: Ist er vielleicht der Messias?" (Joh 4, 29)
Ebenso wie sich das Volk aus Samarien infolge eines „Wortes der Erkenntnis" bekehrte, baut sich heute dadurch die Gemeinde auf, der Glaube wächst, und die Versammlung lobt den HERRN.
Eines Tages bat mich Kardinal Suenens, einen Artikel darüber zu schreiben, wie das „Wort der Erkenntnis" in den Geist gelange. Ich antwortete ihm:
„Eminenz, ich weiß nicht, wie ich dieses Charisma erklären soll. Dies ist genauso schwierig, wie wenn Sie mich darum bitten würden, einen Artikel darüber zu schreiben, wie die Abwesenheit des Geistes in unseren Geist eindringt."
Im Sommer 1982 bat man mich, neun Fernsehprogramme bezüglich der „Charismatischen Erneuerung" für den Sender CHOT in Ottawa zusammenzustellen. Diese Programme, von einer halben Stunde Dauer, wurden auf Video-Cassetten aufgenommen, um im Herbst ausgestrahlt zu werden. Während des Gebets für die Kranken, im letzten Programm, bekam ich gewisse „Worte der Erkenntnis", während ich Heilungen, die der HERR wirkte, ankündigte. Ich sagte:
„In diesem Augenblick befindet sich eine Person allein in einem Krankenhauszimmer. Sie hat ein Rückenleiden; aber der HERR ist gerade dabei, sie zu heilen. Sie spürt eine Wärme, die ihren Rücken erfaßt. Sie kann nun aufstehen und gehen."
Als ich nachhause zurückkehrte, erinnerte ich mich daran, daß die Sendung nicht direkt, sondern erst einige Monate später ausgestrahlt werden sollte. Ich war ein wenig perplex und dachte sogar:
„Vielleicht ist diese Person noch gar nicht ins Krankenhaus eingelie-

fert worden, und ich habe im Namen Gottes bereits ihre Heilung angekündigt."
Ende des Monats Januar erhielt ich einen Brief von B. G., der an einer ernsten Gesundheitsschädigung gelitten hatte:
16. Jan. 1983
„Aufgrund einer Krankheit hörte ich auf zu arbeiten. Ich hatte zwei Wirbel im Rücken verschoben. Die Übungen und die Therapie nützten nichts.
Im Dezember wurde an mir ein chirurgischer Eingriff, der vier Stunden dauerte, vorgenommen, und als Folge davon konnte ich mein rechtes Bein wieder gebrauchen. Am Tage meiner Operation, am 9. Dezember, wurde mein Herz infolge einer schrecklichen Prüfung, die mich und meine Familie betraf, schwer mitgenommen.
Am 18. Dezember befand ich mich, physisch und moralisch sehr geschwächt, noch immer im Krankenhaus. Mein Glaube schien tot zu sein. Um 18.35 Uhr schaltete ich dann den Fernseher ein. Die Sendung „Liebe ohne Grenzen" ging gerade zu Ende und ich hörte, daß Sie abschliessend noch folgendes hinzufügten:
„*Eine Person, allein in ihrem Krankenhauszimmer, hat Rückenschmerzen; aber in diesem Augenblick ist Jesus gegenwärtig, um sie zu heilen. Sie spürt in ihrem ganzen Sein die Berührung Gottes. Später wird sie von ihrer Heilung Zeugnis geben.*"
So endete die Sendung. Es blieb nicht genügend Zeit für den abschließenden Gesang. Ich war ganz in Tränen aufgelöst und zutiefst beeindruckt. Wie, fragte ich mich, konnte sich Jesus eines so verletzten, so frustrierten und so verschlossenen Herzens annehmen? Aber ist er nicht gerade für diese Herzen gestorben?
Heute, einen Monat später, erzähle ich Ihnen meine Geschichte. Meine Heilung macht wunderbare Fortschritte. Zum erstenmal in meinem Leben erfahre ich den grenzenlosen Frieden der Vergebung.

Ebenso wie in Tahiti wurden alle Details geprüft und bestätigt. Was hierbei überraschte und beeindruckte war – einzig und allein – die Tatsache, daß der HERR mir bereits im Juni eine Heilung geoffenbart hatte, die am 18. Dezember stattfinden sollte – ich aber hatte gesagt, „in diesem Augenblick."
Durch dieses Zeugnis lernte ich etwas ganz Wichtiges:
Der HERR ist durch die Zeit nicht beschränkt. ER kann ein „Wort der Erkenntnis" geben, das offenbart, was später geschehen wird, indem er sagt: „In diesem Augenblick..."

Gott hat keine Uhr und keinen Kalender; aber Er ist der Ewige, der zur rechten Zeit immer gegenwärtig ist!

5. Die Heilung

Es gibt drei Arten von Krankheiten, und jede von ihnen verlangt ein besonderes Gebet um Heilung zu erlangen.
a) Die körperliche Krankheit, die vielfältige Ursachen hat, erfordert ein einfaches Gebet um physische Heilung.
b) Die Krankheit des Herzens, die durch eine emotionelle Verletzung verursacht wurde, erfordert ein Gebet um innere Heilung.
c) Die Geisteskrankheit, welche durch Sünde verursacht wird. Jesus heilt sie aufgrund des Glaubens, indem er die Person bekehrt.
Wir wollen nur zwei wesentliche Punkte hervorheben:
1) Die Einheit des Menschen:
Obwohl der Mensch aus Körper, Geist und Seele besteht, ist er eine Einheit und unteilbar (1 Thess 5, 23).
Wir haben ihn nur aus pädagogischen Gründen unterteilt.
2) Die gegenseitige Abhängigkeit:
Körper, Seele und Geist sind auf einer Niveau-Ebene, die wir nicht genau angeben können, verbunden. Aber immer hängen sie voneinander ab.

Körperliche Krankheiten und physische Heilung

Ursprünglich dachte ich nicht daran, tiefer in dieses Thema der physischen Heilung einzusteigen, da das ganze Buch ein lebendiges Zeugnis des heilenden Wirkens des HERRN ist. Außerdem gibt es bereits zahlreiche und sehr gute Bücher über dieses so faszinierende Thema der „Charismatischen Erneuerung".
Ich möchte nur bezeugen, daß das Evangelium auch im 20. Jahrhundert wahr ist, indem ich einige Überlegungen hinzufüge, von denen ich den Eindruck habe, daß sie zur Sache gehören.
Alle rettende Tätigkeit Gottes manifestiert sich unter zwei Formen: Durch Taten und durch Worte. Der heilige Lukas faßt all das Wirken Jesu in wunderbarer Weise zusammen, indem er sagt:
„In der ersten Erzählung, Theophilus, habe ich von allem gesprochen, was Jesus zu tun und zu lehren anfing." (Apg 1, 1)
Das II. Vatikanische Konzil zeigt uns die beiden Seiten der Münze, indem es erklärt:

„Die Offenbarung geschieht durch Worte und Taten, die innerlich untereinander verknüpft sind. Ebenso wie die Taten die Lehre offenbaren und bestätigen, so verkünden die Worte ihrerseits die Taten und erklären sie. (Dei verbum Nr. 2) – Schließlich („Geschehnis und Wort Gottes") zeigt das Wort, wie Jesus Christus die Fülle der Offenbarung ist."

Gewisse Leute behaupten, daß die geistige Heilung eine größere Bedeutung habe als die physische. Andere wiederum glauben, daß die Heilungen zufällig geschehen, daß das Charisma der Heilung nicht wesentlich sei und daß nur die Liebe zähle. – Ich glaube, daß diese Unterscheidung

„wesentlich – unwesentlich bzw. zufällig"

im Neuen Testament nicht vorkommt.

Anstatt zu trennen, sollten wir lieber fragen: „Will Gott seine Kinder heilen?"

Was die Meinung betrifft, daß die Liebe das hervorragendste Charisma, das Charisma par excellence, sei, bin ich ganz derselben Ansicht. – Wer aber kann leugnen, daß die Heilung ein wunderbares Mittel ist, durch welches sich die Liebe den Leidenden gegenüber offenbart? Die Liebe ist nicht ätherisch und abstrakt, sondern ebenso konkret wie ein geheilter Mensch.

Die Gabe der Heilung ist in fundamentaler Weise eine Gabe der Liebe.

In den Evangelien kommt das Zeitwort „therapeúo" (= heilen) vor und außerdem in Dutzenden von Fällen das Verbum „záo", das man sehr häufig auch mit „retten", in der Bedeutung von „heilen" übersetzen kann. Das heißt, daß die Handlung „retten" die Handlung des „Heilens" einschließt.

„Jesus wandte sich um, und als er sie sah, sagt er:

Hab keine Angst, meine Tochter, dein Glaube hat dir geholfen. Und von dieser Stunde an war die Frau geheilt." (Mt 9, 22)

„Und alle, die den Saum seines Kleides berührten, wurden geheilt." (Mt 14, 36)

„Fürchte dich nicht, glaube nur, und sie wird gerettet werden." (Lk 8, 50)

Lesen Sie bitte darüber auch in

Mk 3, 4; 5, 23-28; 6, 56; 10, 52; Joh 11,12 und Apg 14, 9.

Das von Jesus geschenkte Heil erfaßt den ganzen Menschen. Jesus ist nicht gekommen, um nur die Seelen zu retten – ihn interessiert der Mensch in seiner Ganzheit, das heißt Körper, Seele und Geist.

Jesus

Es ist überflüssig, die biblischen Berichte über den Heilungsdienst Jesu zusammenzutragen. Das ganze Evangelium ist eine einzige Kette des barmherzigen Wirkens Jesu, der viele Kranke heilte.
Wir wollen nur einige Texte, die von besonderer Bedeutung sind, anführen. An erster Stelle die Darstellung des Dienstes Jesu:
„Der Geist des Herrn ruht auf mir;
denn der Herr hat mich gesalbt.
Er hat mich gesandt,
damit ich den Armen eine gute Nachricht bringe;
damit ich den Gefangenen die Entlassung verkünde
und den Blinden das Augenlicht;
damit ich die Zerschlagenen in Freiheit setze
und ein Gnadenjahr des Herrn ausrufe."
(Lk 4, 18)
Daraus können wir ersehen, daß Jesus die Mission hatte, sowohl physisch-äußerlich wie auch innerlich, zu heilen und von allen Banden, die den Menschen versklaven, insbesondere von der Sünde, zu befreien. (Vgl. Mt 4, 23-25)
An anderer Stelle sagt Jesus, daß er, ähnlich einem Arzt, nicht zu den Gesunden, sondern zu den Kranken gekommen sei – nicht für die Gerechten, sondern für die Sünder. Über seine Mission gibt es keine Meinungsverschiedenheiten. Das Problem ist, zu erkennen, daß wir seines Heils bedürfen. Deshalb empfiehlt er uns, Vertrauen in sein überfließendes Erbarmen zu haben:
„Kommet her zu mir alle, die ihr mühselig und beladen seid; ich will euch erquicken!" (Mt 11, 28)
Sein Name im Hebräischen, Jeschua, bedeutet „Der HERR ist Hilfe, Rettung". – ER ist das integrale, völlige Heil eines jeden Menschen und aller Menschen.

Die Kirche

„Wie mich mein Vater gesandt hat, so sende auch ich euch!"
(Joh 20, 21)
Die Apostel und Jünger Christi führen in Zeit und Raum sein Heilswerk weiter. Sie sind sowohl zum Predigen wie auch zum Heilen

ausgesandt. Sie vermitteln nicht nur das WORT Gottes, sondern sie sind auch Träger des Heils, das von Jesus kommt. Die Kirche ist nicht nur die Verkünderin der „Guten Nachricht", nämlich daß wir erlöst sind; sie ist auch Trägerin des Heils, des Heilssakramentes. (Vgl. Lk 10, 9-16; Mt 10, 5-8)
„Heilt die Kranken, die dort sind, und sagt den Leuten: Das Reich Gottes ist euch nahe." (Lk 10,9)
Und am Ende des Evangeliums des Apostels Markus lesen wir, daß diese Mission sich nicht bloß auf die Apopstel, das heißt auf die Jünger, erstreckte, sondern auch auf *alle*, die da glauben.
Dann sagte er zu ihnen: *„Gehet hinaus in die ganze Welt und verkündet das Evangelium allen Geschöpfen. Wer glaubt und sich taufen läßt, wird gerettet; wer aber nicht glaubt, wird verdammt werden. Und durch die, die zum Glauben gekommen sind, werden folgende Zeichen geschehen: In meinem Namen werden sie Dämonen austreiben; sie werden in neuen Sprachen reden; wenn sie Schlangen anfassen oder tödliches Gift trinken, wird es ihnen nicht schaden; und die Kranken, denen sie die Hände auflegen, werden gesund werden." (Mk 16, 15-18)*
Der letzte Satz des Markus-Evangeliums ist nicht das Ende des Evangeliums, sondern der Anfang seiner Ausbreitung bis auf uns – heute.
„Sie aber gingen hin und predigten überall, und der Herr wirkte mit ihnen und bekräftigte das Wort durch die darauffolgenden Wunder." (Mk 16, 20)
Eines der charakteristischen Merkmale, die den wahren Apostel auszeichnen, ist das Vorhandensein von Zeichen und Wundern in seinem Dienst. (Vgl. 2 Kor 2, 12 / Röm 15, 19)

Die Zeichen

Seltsamerweise spricht der Apostel Johannes im vierten Evangelium nicht von Wundern, auch nicht von Heilungen, sondern von Zeichen. Beim „Zeichen" interessiert uns immer die Bedeutung des Zeichens.
So wie der Rauch uns das Vorhandensein eines Feuers anzeigt, hat das Wunder oder eine Heilung für uns die Bedeutung, daß Gott gegenwärtig und im Begriff ist zu wirken und zu retten. Es handelt sich

hierbei um sichtbare Zeichen des unsichtbaren Wirkens Gottes. Die Heilungen gleichen gewissermaßen Lichtampeln, die uns anzeigen:
1.) – daß Jesus heute lebt und daß er dieselbe Kraft hat, die Kranken zu heilen, wie in Samaria und Galiläa;
2.) – daß uns Gott liebt und das volle Heil des Menschen will, das Heil des Körpers und der Seele;
3.) – daß Jesus der Messias ist. Als die Jünger des Johannes des Täufers zu Jesus kamen und ihn fragten, ob er der Messias sei, gab er ihnen darauf keine Antwort, sondern begann allerlei Kranke zu heilen.
Oftmals lehnt man Wunder und Heilungen ab, denn sie bedingen konsequenterweise auch die Annahme von Jesus – samt seiner Forderungen. Die Annahme der Zeichen hätte zur Folge, daß man auch ihre Bedeutung anerkennen müßte – und gerade deshalb lehnt man sie ab.
Nach einem Freizeittreffen kam ich nachhause und erzählte von den Wundern, die der HERR gewirkt hatte. Es war auch ein französischer Priester, der zwar aufmerksam zuhörte, aber weiter in seinem Unglauben verharrte, anwesend. Ich erzählte ihm, wie der HERR während der Heilungsmesse der Frau des Leiters einer Gebetsgruppe die Sprache wieder geschenkt hatte. Sie gab dann, obwohl sie während viereinhalb Jahren nicht ein einziges Wort hatte sprechen können, vor der versammelten Menschenmenge öffentlich ihr Zeugnis.
Die Heilungen sind keine Beweise für die Richtigkeit einer Lehre; denn Gott ist es, der rettet! – Und er heilt nicht, um zu beweisen, daß ER Gott ist, sondern weil er ein gütiger Vater ist; deshalb hat er Erbarmen mit den leidenden Menschen.
Jedes Zeichen dient dazu, etwas zu offenbaren. Das ist der Zweck der Heilungen, die der HERR wirkt. Sie erinnern uns daran, daß in unserer Zeit, die von Leistung und Pragmatismus beherrscht wird, Gott mitten unter uns gegenwärtig und fähig ist, Wunder zu tun. Sie demonstrieren uns die Macht Gottes, damit wir Mut bekommen, uns IHM in allen Lagen und Aspekten unseres menschlichen Lebens völlig auszuliefern.
Das folgende Zeichen zeigt, daß die Wunder Zeichen sind:
Eines Nachmittags besuchte ich einen Polizisten, den Hauptmann Munoz. Er lag in Agonie in seinem Bett. Seit 50 Tagen hatte er nichts mehr gegessen. Er trank nur alle 3 Stunden Schnaps. Ich betete für ihn, und der HERR befreite ihn auf außerordentliche Weise von seiner Alkoholsucht.

Er hörte mit dem Trinken sofort auf und brauchte nicht einmal ins Krankenhaus, um sein Blut entgiften zu lassen. Ich erinnerte mich an jenes Wort der Weisheit:
„Denn weder Kraut noch Pflaster machte sie gesund, sondern dein Wort, o Herr, das alles heilt.“ (Weish 16, 12)
Am nächsten Tag ersetzte er die Rum-Flasche durch die Bibel. Weinend las er sie und sagte: „Wie gut ist der HERR!“
Dieser Fall brachte mir aber viele Probleme ein; denn am nächsten Tag hörte man Schreie und Streit vor der Kirche. Die Frauen, deren Männer tranken, standen Schlange und versuchten, ihre Männer dazu zu bewegen, daß ich für sie bete. Es war eigenartig, mehr Trunkenbolde in der Kirche als in den Bars und Kantinen zu sehen.
Der HERR wollte den Polizisten auf diese Weise befreien, um den Glauben an sein WORT lebendig zu machen. Aber dies geschieht nicht in allen Fällen auf diese Weise. Die Kranken, die ihr Vertrauen in Jesus setzen, müssen auch ihren Teil dazu beitragen.
Ebensowenig wie alle Polizisten Trunkenbolde sind, wie der Hauptmann Munoz, ebensowenig erhalten alle Säufer die Gesundheit auf dieselbe Weise. Wichtig ist jedoch, daß, mittels eines Falles wie dieses, der Glaube an die Rettermacht Gottes wächst; denn ER kann unser Leben so verändern, wie es ihm gefällt.

Wunder und Heilungen

Nicht alle Heilungen sind Wunder des HERRN. Es gibt Heilungen, die durch Gebet erlangt werden und die man trotzdem nicht als Wunder ansehen darf. Wir sprechen von Wundern, wenn es sich um eine Heilung handelt, die keine medizinische Wissenschaft zustandebringen kann, sondern die von unserem allmächtigen GOTT gewirkt wird. In jenen Fällen, wo der HERR einen Heilungsprozeß, den man auch durch eine Operation oder durch Ruhe oder durch andere Mittel hätte erzielen können, beschleunigt, sprechen wir einfach von Heilung. Auf diese Weise kann man nicht jede Heilung, die man auf Gebet hin erlangt hat, Wunderheilung nennen.
Unter den zahlreichen Heilungen, die im Laufe eines Jahrhunderts in Lourdes geschahen, wurden nur sehr wenige – wie man aus der folgenden Statistik entnehmen kann – als Wunderheilungen anerkannt.

„Seit Catherine Latapie bis Serge Pervin – sie wurde im März 1858 geheilt, er im Jahr 1978 – sind 64 Heilungen von der Kirche als Wunder bestätigt worden. Man darf aber nicht vergessen, daß im Jahr 1972 bereits 5432 Heilungen in den Archiven aufgezeichnet waren.

Ein Beispiel einer Wunderheilung wäre der Fall der Anita Siu de Sheffer. Da vollbrachte der HERR etwas, was die Medizin nicht zuwege bringen konnte:

Bei einem Autounfall, der sich vor 10 Jahren in Chile ereignet hatte, kam es zu einer Gehirnverletzung, die zur Folge hatte, daß die Frau ihren Geschmacks- und Geruchssinn vollkommen verlor. Da sie einer wohlhabenden sozialen Klasse angehörte, suchte sie, in der Hoffnung dort ihre Gesundheit wieder zu erlangen, die besten Krankenhäuser der USA auf. – Nach verschiedenen Untersuchungen und Therapien klärten sie die Ärzte darüber auf, daß es unmöglich wäre zu operieren, da die Nervenfasern, welche diese Funktionen übertragen, dünner als ein Haar seien. Wörtlich sagten sie zu ihr, daß sie nur durch ein Wunder diese beiden Funktionen wieder erlangen könnte. Da verlor sie die Hoffnung, jemals wieder schmekken und den Duft der Blumen bzw. andere Düfte wieder riechen zu können.

Bei der heiligen Messe für die Kranken in Chitré (Panama) schenkte uns der Herr mehrere „Worte der Erkenntnis“ bezüglich dessen, was er in dieser Versammlung zu tun beabsichtige. Eines dieser Worte lautete:

„Hier ist eine Frau, welche an einer sehr ernsten Krankheit leidet, anwesend. Sie wird im Laufe der Nacht geheilt werden und wird morgen ihre vollständige Heilung bezeugen.“

Am nächsten Tag wurde sich Anita dessen bewußt, daß Gott ihr den Geruchssinn wieder geschenkt hatte. Sie erwachte mit dem süßen Duft der Rosen, die in der Nähe des Fensters standen, und mit dem Aroma des Kaffees, das aus der Küche kam. Mit einem Sprung war sie auf den Beinen und erzählte ihrem Mann das Wunder. Sie frühstückte mit Tränen in den Augen und bemerkte gleichzeitig, daß sie zum erstenmal seit dem Unfall die Speisen wieder schmecken konnte. Was kein Arzt dieser Welt fertiggebracht hätte, hatte Jesus, der HERR des Unmöglichen, vollbracht.

Dann, vor Freuden weinend, sagte sie zu den Anwesenden in der Versammlung:

„Ich habe zwei Kinder, aber niemals konnte ich ihren Körpergeruch wahrnehmen. Ihr Mütter wißt, was es bedeutet, den Geruch eurer Kinder zu spüren. – Nun, heute morgen näherte ich mich den Kindern, umarmte sie und begann, ganz zart, ihren Geruch wahrzunehmen."

Ein anderes sehr schönes Zeugnis einer Wunderheilung wurde uns von einer geheilten Person in einem Brief vom 25. August 1981 mitgeteilt:

„Ich litt an rheumatischer Arthritis; diese Krankheit ist nicht zu verwechseln mit Arthrose, einer Erkrankung, die häufig bei Personen eines gewissen Alters vorkommt und ohne gravierende Folgeerscheinungen verläuft. Die rheumatischen Erkrankungen haben verschiedene, unbekannte Ursachen, und man kann sie nicht heilen. Sie befallen die Gelenke und verursachen dadurch heftige Schmerzen. Der Körper der kranken Person verformt und versteift sich, und schließlich landet der Kranke im Rollstuhl.

Meine Krankheit begann im vergangenen Oktober mit Schmerzen in den Knöcheln, den Knien, den Handgelenken und einer allgemeinen Müdigkeit. Da ich dachte, daß es etwas Ernstes sei, ging ich zum Arzt, der Analysen, mittels derer rheumatoide Arthritis festgestellt wurde, anfertigen ließ.

Das Laboratorium empfahl mir, in die USA zu fahren, um mich dort einer Behandlung zu unterziehen. In dem Zentrum für Arthritis, wo man mich behandelte, machten die verschiedenen Phasen der Krankheit, die ich dort beobachten konnte, einen starken Eindruck auf mich.

Der Arzt Alfonso Portuondo, ein Spezialist, bestätigte die Diagnose und sagte mir, daß diese Krankheit unheilbar sei. Man könnte nur versuchen, sie mit Injektionen von Goldsalz zum Stillstand zu bringen. Das Mittel hatte jedoch negative Nebenwirkungen: Ich bekam am ganzen Körper einen Ausschlag, verlor meine Haare und auch die Nägel an den Fußzehen. Die Anzahl der roten und der weißen Blutkörperchen veränderte sich in anomaler Weise.

Da kam der Pater Emiliano Tardif nach Paraguay. Ich hörte ihn zum erstenmal in der Kirche San Alfonso. Im Augenblick des Gebets um Heilung glaubte ich, mein Herz würde explodieren. Es schlug so heftig, daß ich die Herzschläge hörte. Das zweitemal geschah es in der Kirche des Colonel Oviedo. Wiederum fühlte ich im Moment des Gebets um Heilung ein Beben im ganzen Körper. Der Pater sagte, daß

in diesem Augenblick zwei Frauen, die an Arthritis leiden, geheilt würden. Er bat sie, sich niederzuknien. – Um die Wahrheit zu sagen, ich hatte nicht den Mut, es zu tun; denn ich war nicht überzeugt, daß es sich um mich handelte, und ich glaubte nicht an diese Art von Heilungen – vielleicht infolge eines Mangels an Vertrauen.
Dann besuchte ich eine dritte Eucharistiefeier. Meine Mutter erkundigte sich bei der Schwester Marguerite Prince nach dem Abreisetag des Paters Tardif, und wir konnten ihn nochmals am Flughafen treffen. Er betete dort, zusammen mit Pater André Car, um meine Heilung. Nachdem er das Gebet beendet hatte, sagte er zu mir: „Sprich nicht mehr „ich habe Arthritis", sondern „ich hatte Arthritis", denn du bist geheilt."
Meine Schmerzen verschwanden, und ich nahm keine Medikamente mehr. Vorher war ich bei einer Dosis von 12 Tabletten täglich und wöchentlichen Injektionen von Goldsalz angelangt. Ich ließ Analysen anfertigen, und es ergab sich, daß ich tatsächlich geheilt war. Der Doktor Nicolas Breuer, ein sehr gläubiger Mann, der mein Arzt in Asunción war, sagte zu mir: *„Man muß zugeben, daß es jenseits der Wissenschaft etwas Höheres, dem nichts unmöglich ist, gibt."*
Die Ärzte erklärten mir, daß bei einem Menschen, der an dieser Krankheit leide, niemals – selbst unter der Annahme einer Heilung – die Rheuma-Faktoren verschwinden würden; sie seien ein Überbleibsel, das lebenslang im Blut zurückbleibe – ganz ähnlich wie ein Mensch nach einem Herzinfarkt die Narbe Zeit seines Lebens im Herzen behalte. – Ich aber habe keine Spur davon. Die einzige Erklärung dafür – ein Wunder Gottes!"

Marie Thérse Galeo de Baez

Diejenigen Menschen, welche meinen, daß die Heilungen im Dienste Jesu etwas Oberflächliches seien, täuschen sich gewaltig. Jene dagegen, die glauben, daß wir heute keine Heilungen mehr benötigen und daß das Wesentliche die Verkündigung des Evangeliums sei, vergessen die pastorale Methode Jesu.
Wir planen und untersuchen sorgfältig Tausende von Wegen und Mitteln, um Menschen, die immer seltener zur Kirche kommen, anzulocken. Wir organisieren sogar Feste und Konzerte usw.; aber die Ergebnisse sind oft jämmerlich. Jesus dagegen heilte die Kranken, und die Menschen kamen in Scharen. Sie kamen so zahlreich, daß man eines Tages einen Gelähmten sogar durch das Dach eines Hau-

ses hinablassen mußte; denn man konnte sich keinen Weg durch die Menschenmenge bahnen. Heute geschieht dasselbe. Wenn Jesus die Kranken heilt, kommen die Leute so zahlreich, daß sie nicht einmal in Sportstadien Platz finden – dann verkündigen wir ihnen das Wort Gottes. Die Folgen sind viel tiefer und größer als die einfachen physischen Heilungen; denn die Zeichen der Macht Gottes sind nicht nur ein Schauspiel, sondern sie unterstützen wirksam die Erneuerung des Glaubenslebens. Davon spricht der Brief des Erzbischofs von Tahiti an meinen Provinzial, dessen ersten Teil ich hier vollständig wiedergeben möchte:

„Mein verehrter Pater,

während des gesamten Aufenthaltes des Paters Tardif war ich von meiner Diözese abwesend, vom 21. Oktober bis 14. November – Bei meiner Rückkehr am 26. November stellte ich die Veränderung, die seinem Aufenthalt zu verdanken ist, fest.

Ich komme nicht auf die Beschreibung zurück, die Ihnen bereits mein Bruder, Pater Hubert, zukommen ließ; ich möchte Ihnen nur folgendes sagen:

1.) Die Zahl der am Sonntag Praktizierenden hat beträchtlich zugenommen.

2.) Ein gewisses ökumenisches Klima ist entstanden.

3.) Geistiges Leben wird überall erneuert oder wieder lebendig.

4.) Die Anzahl der Bekehrungen war sehr beachtlich und die Beichten außerordentlich zahlreich.

5.) Die Priester, die Nonnen, die Mönche und viele Besucher haben die Predigten des Paters Tardif sehr wertvoll gefunden.

6.) Die Hochzeiten, die in Vorbereitung sind, werden es erlauben, die große Anzahl der illegitimen Ehen in Ordnung zu bringen, und sie werden sicherlich zu einer Erneuerung des familiären Lebens führen.

Noch nie hat die Diözese einen solchen Glaubensaufschwung erlebt. In den letzten 15 Jahren hatten wir zwei Synoden, eine apostolische Revision, Freizeiten mit ausgezeichneten Priestern …

Wir haben große religiöse Kundgebungen erlebt … Aber niemals mit Ergebnissen, die an Tiefe und Breitenwirkung mit diesem Aufschwung vergleichbar wären.“

+ Michel Coopenrath
Erzbischof von Pappete

Von dem, was in Tahiti geschah, soll ein einziges Beispiel genügen: Bei der Messe für die Kranken, als die heilige Hostie erhoben wurde, begann ein Blinder zu weinen. Während er sich die Tränen abwischte, öffneten sich seine Augen – und er konnte sehen. Dies machte einen sehr starken Eindruck auf Gabilou, den berühmten Sänger des Pazifik, der den 2. Preis bei der Eurovision gewann. Er meldete sich für die zweite Freizeit an, während der er Buße tat, beichtete und kommunizierte. Bei der Abschlußfeier gab er Zeugnis mit folgenden Worten:

„Es gab hier viele Heilungen; aber die größte ist diejenige, die mir zuteil wurde. Denn der HERR hat mich geistig geheilt. 16 Jahre lang war ich vom christlichen Leben und den Sakramenten getrennt.

Aber bei dieser Freizeit habe ich Jesus gefunden, und ich will nur noch für IHN leben und für IHN singen!“

Er wiederholte sein Zeugnis noch im Fernsehen und später in einem Sportstadion vor 20 000 Menschen. Heute evangelisiert er mit charismatischen Liedern, mit denen er die Jugend besonders anspricht.

Jesus ist auch der HERR der Sänger und Künstler!

Die Heilungen haben ein sehr klares Ziel, das wir uns vor Augen halten sollten. Der Erzbischof von Brazzaville hat es in einem Rundbrief an alle Pfarrämter seiner Erzdiözese in großartiger Weise ausgedrückt. Wir geben hier den Inhalt des Rundbriefes teilweise wieder:

Brazzaville, 7. Okt. 1983

Wir sind mit der Predigt des Paters Tardif sehr zufrieden gewesen. Er nahm das Thema der Jahrhundertfeier der Evangelisation des Kongo auf: „Die Erneuerung des Glaubens.“ – Diese Predigten waren häufig von geistigen, seelischen und körperlichen Heilungen begleitet. Das erstaunlichste Schauspiel bei diesen Heilungen war, daß man während des Gebetes sah, daß die Kranken geheilt wurden, die Gelähmten gingen und die Stummen plötzlich reden konnten.

Es war, als ob die Zeiten der Urkirche mit Jesus wieder gekommen wären!

Aber niemand möge die Absicht und den Zweck dieser Wunderzeichen Jesu vergessen:

Sie sind ein Zeugnis, um den Glauben jener, die nicht glauben, zu erwecken, und den Glauben der Gläubigen zu stärken.

„Aber selig sind eure Augen, weil sie sehen und eure Ohren, weil sie hören. Denn wahrlich, ich sage euch: viele Propheten und Gerechte

haben gewünscht zu sehen, was ihr sehet, und haben es nicht gesehen, und zu hören, was ihr höret, und haben es nicht gehört!"
(Mt 13, 16-17)
Pater Tardif hat uns ein Evangelium der Wahrheit und nicht der Lüge gepredigt. Diese Zeichen gesehen zu haben und nicht zu glauben, das nennt Jesus „gegen den Heiligen Geist sündigen", denn man weigert sich, die Wahrheit zu sehen, was sehr folgenschwer ist. Die machtvolle Predigt, die wir erlebt haben, wird eine tiefe Spur hinterlassen, von der ganze kongolesische Generationen noch lange Zeit sprechen werden – so wie man noch von Jesus Christus spricht: von dem, was ER gesprochen hat und von seinen Zeichen.
+ Mons. Barthélémy,
Erzbischof von Brazzaville

Ich glaube, daß die Texte der Bibel und auch die Zeugnisse der Heiligen im Leben der Kirche so zahlreich sind, daß es nicht nötig ist, die Heilungen zu rechtfertigen. Die entscheidende Frage sollte sein:
„Glaube ich, daß Gott mich heilen kann? Glaube ich an die Heilungskraft Jesu, die durch mich fließen kann, um andere Menschen zu heilen?"
Oftmals haben wir vor den Wundern Gottes Furcht; ganz einfach deshalb, weil wir sie nicht verstehen.
Der Bischof von Sangmelina in Kamerun hatte mich zu einer Priester-Freizeit eingeladen. Er lud alle seine Priester ein, aber einer von ihnen erklärte:
„Ich will nicht hingehen, denn dort wird man nur von Wundern, und immer wieder von Wundern, sprechen."
Der Bischof antwortete ihm darauf:
„Geh nur hin, hab keine Furcht! Das Thema des Treffens ist nicht die Heilung, sondern das Gebet."
Der Priester sagte seine Teilnahme zu, aber eher aufgrund des Vorschlags des Bischofs als aufgrund seiner eigenen Überzeugung.
Das Treffen begann. Am 3. Tag stand dieser Priester vor den versammelten Teilnehmern auf und bestätigte:
„Ich litt an einer deformierenden Arthritis in den Händen, die es mir sogar unmöglich machte, die Schnürsenkel meiner Schuhe zuzubinden. Außerdem muß ich gestehen, daß ich nicht zu diesem Treffen kommen wollte, da ich fürchtete, daß man nur von Wundern sprechen würde. Gestern fühlte ich jedoch eine Art starker Wärme in den

Händen. Ich möchte Gott von ganzem Herzen danken, denn ich bin völlig geheilt. Jetzt kann ich meine Hände wieder einwandfrei bewegen!"
Daraufhin fügte ich lächelnd hinzu:
„Du wolltest nicht hören, daß man von Wundern spricht, und nun hörst gerade du nicht mehr auf, die Wunder des HERRN zu proklamieren."
Alle lachten und lobten Gott, während er, ganz glücklich, seine Hände zeigte und bewegte.
Unsere Haltung sollte sein, uns völlig den Händen des Vaters der Liebe zu überlassen. Er hat für uns einen wunderbaren Plan.

Gebet für die Kranken

Am 8. Februar 1984 zelebrierten wir eine Eucharistiefeier für die physische Heilung der Kranken, welche diese Seiten lesen. Mögen sie sich im Glauben diesem Gebet anschließen, indem sie ihr Leben in die Hände Jesu legen!

HERR JESUS,
wir glauben, daß Du lebst und auferstanden bist.
Wir glauben, daß Du wahrhaftig im allerheiligsten Sakrament des Altars gegenwärtig bist
und in einem jeden von uns.
Wir loben Dich, und wir beten Dich an.
Wir danken Dir, HERR, daß Du bis zu uns kommst als lebendiges Brot, das vom Himmel gekommen ist.
Du bist das Leben in Fülle.
Du bist die Auferstehung und das LEBEN.
Du bist, HERR, die GESUNDHEIT der Kranken.
Heute wollen wir Dir alle Kranken, die dieses Buch lesen, anempfehlen; denn für Dich gibt es keine Entfernung, weder in Zeit noch Raum.
Du bist der gegenwärtige Ewige, und Du kennst sie.
Und nun bitten wir Dich, daß Du Dich ihrer erbarmest.
Berühre sie kraft Deines Evangeliums, das in diesem Buch verkündet wird, damit alle erkennen, daß Du heute noch in Deiner Kirche lebst!

Wir flehen Dich an, Jesus,
habe Mitleid mit jenen, die an ihrem Körper leiden,
mit denen, die in ihrem Herzen Leid tragen, und mit denen, die in ihrer Seele leiden;
denn sie beten und lesen die Zeugnisse, die davon berichten, was Du durch Deinen Heiligen Geist der Erneuerung im Begriff bist zu tun – in der ganzen Welt.
HERR, habe Mitleid mit ihnen!
Wir bitten Dich jetzt darum:
Segne sie und wirke, daß sie ihre Gesundheit wiedererlangen,
auf daß ihr Glaube wachse!
Auf daß ihr Vertrauen in Dich erneuert werde,
damit sie sich den Wundern Deiner Liebe öffnen,
damit auch sie Zeugen Deiner Kraft und Deines Erbarmens seien!
Jesus, wir bitten Dich darum durch die Kraft Deiner HEILIGEN WUNDEN,
durch das HEILIGE KREUZ
und Dein HEILIGES BLUT, das Du für uns vergossen hast.
Heile sie, HERR,
heile sie in ihrem Körper,
heile sie in ihrem Geist und
heile ihre Seele!
Gib ihnen das Leben, das Leben in Fülle!
Wir bitten Dich darum durch die Fürsprache Deiner Mutter,
der allerheiligsten Jungfrau Maria,
der Jungfrau der Schmerzen,
die am Kreuze stand, ganz in der Nähe,
die als erste Deine HEILIGEN WUNDEN betrachtete
und die Du uns als Mutter gegeben hast.
HERR, heute bringen wir Dir im Glauben alle Kranken, die uns baten, für sie zu beten, und wir bitten Dich, ihre Krankheit zu lindern und ihnen die Gesundheit wiederzugeben.
Wir bitten Dich, um des Ruhmes des Himmlischen VATERS willen, diejenigen Kranken zu heilen, die dieses Buch lesen werden.
Wirke, daß sie im Glauben und in der Hoffnung wachsen
und daß sie gesund werden, damit Dein NAME verherrlicht werde, und Dein Reich sich in den Herzen ausbreite, kraft der Zeichen und Wunder Deiner Liebe!
Jesus, wir bitten Dich um all dies, weil Du unser Heiland bist.

Du hast uns geoffenbart,
daß Du alle Schmerzen auf Dich genommen
hast und daß wir durch Deine HEILIGEN WUNDEN geheilt sind.
Du bist der GUTE HIRTE,
und wir alle sind kleine Schäfchen Deiner Herde.
Wir alle sind Deiner Liebe so sicher, daß wir, noch bevor wir das Ergebnis unseres Gebets kennen,
im Glauben an Dich gewandt, sprechen:

Danke, Jesus,

für alles, was Du an jedem einzelnen von ihnen vollbringen wirst.
Danke, daß DU Kranke gerade jetzt heilst und daß DU sie mit Deinem Erbarmen gerade jetzt anrührst.

Danke, Jesus,

für alles, was Du vermittels dieses Buches tun wirst.
Von heute an legen wir es in Deine Hände.
Tauche es in Deine Heiligen Wunden!
Bedecke es mit Deinem göttlichen Blut!
Möge durch dieses Buch Dein Herz des Guten Hirten
zu den Herzen der zahlreichen Kranken, die es lesen werden, sprechen!
Lob und Preis sei Dir, o HERR!

Krankheit des Herzens und Innere Heilung

Wir alle sind uns der schweren Nachwirkungen bewußt, die unsere Vergangenheit in unserem gegenwärtigen Leben hat. Nun wollen wir über die Beziehungen untereinander und unsere krankhaften Haltungen, die häufig ihre Wurzeln in den schmerzlichen Erfahrungen unserer Lebengeschichte haben, sprechen.

Wieviele Traumata wurden durch seelische Verletzungen in der Vergangenheit verursacht! Auf physiologischer Ebene entstehen negative Folgeerscheinungen, da gewisse physische Krankheiten durch emotionelle Schäden hervorgerufen werden können. Andere negative Folgen entstehen auf psychologischem Gebiet, z.B. die Komplexe, die ihre Wurzel zuweilen in Gemütsverletzungen haben; manchmal entstehen sie sogar durch innere Verwundungen, die durch Fehler in unserem Leben verursacht wurden.

Man kann feststellen, daß zahlreiche Schwächen in unserem christlichen Leben ihre Ursachen in der Vergangenheit haben, in Vorkommnissen, die uns tief verletzten. – Diese Verwundungen können gleichsam zu spaltähnlichen Öffnungen werden, durch welche die Sünde eindringt. Von diesen gefühlsbedingten Krankheiten unseres Herzens kann uns der HERR, vermittels eines Gebetes um innere Heilung, befreien.

In einem psychiatrischen Zentrum in Montreal befand sich ein Blinder, der ein besonderer medizinischer Fall war. Er hatte ohne offensichtliche Ursache sein Augenlicht verloren. Der Sehnerv, die Pupille und die Hornhaut waren in tadellosem Zustand. Es gab für die Blindheit keine Erklärung.

Man entdeckte, daß die Ursache in eine Zeit zurückreichte, als er noch ein kleines Kind war und in demselben Zimmer mit seinen Eltern schlief. Eines Nachts hatten sie sehr intensive eheliche Beziehungen, die das kleine Kind als Aggression des Vaters gegenüber der Mutter interpretierte. Das verursachte in ihm ein so tiefes Trauma, daß er vor dieser Aggression und auch vor jeder anderen Realität die Augen schloß und erblindete. Nachdem man die Wurzel des Übels gefunden hatte, unterzog man ihn einer Therapie, und nach einigen Monaten gewann er die Sehfähigkeit wieder zurück.

Dasselbe macht Jesus, unser HERR, beim Gebet um innere Heilung, indem er, um uns zu heilen, die Wurzel unserer Konflikte aufdeckt. Der Vorteil besteht darin, daß er kein Geld dafür nimmt und viel schneller als die weltlichen Psychologen und Psychiater ans Ziel kommt.

„Er heilt die gebrochenen Herzen und verbindet ihre schmerzhaften Wunden." (Ps 147, 3)

Wir haben einen wunderbaren Gott, der fähig ist, unseren Problemen auf den Grund zu gehen, um uns zu heilen und zu befreien. In früheren Zeiten gab es in der Liturgie ein schönes Gebet: *„Befreie uns, HERR, von unseren Übeln, den vergangenen, den gegenwärtigen und den zukünftigen!"*

Unser Gott ist fähig, uns zu heilen, da er nicht nur unserer Zeit angehört, sondern auch der allmächtige und barmherzige Gott aller Zeiten war. ER ist derselbe – gestern, heute und in alle Ewigkeit!

Um uns zu heilen, muß zuerst die Ursache unserer inneren Verletzung aufgeklärt werden. Nicht nur, daß man sich ihrer bewußt wird, sondern man muß sie durch einen Akt völliger Übergabe dem Licht der Liebe Gottes aussetzen und IHN bitten, uns aufgrund seines unendlichen Erbarmens zu heilen.

Es gibt Krankheiten und physische Schäden, die man durch Sonnenbäder heilen kann. Die betreffende Person setzt sich den Sonnenstrahlen, welche in sie dringen und sie heilen, aus. Auf ebensolche Weise heilt Jesus, die Sonne der Gerechtigkeit, die Verletzungen des Herzens. Wenn wir unser ganzes Wesen und vor allem die Verwundungen unserer Seele den Strahlen seines barmherzigen Herzens aussetzen, dann durchdringt und heilt uns seine Wärme:

„Für euch aber, die ihr meinen Namen fürchtet,
wird die Sonne der Gerechtigkeit aufgehen,
und ihre Flügel bringen Heilung.
Ihr werdet hinausgehen und Freudensprünge machen,
wie die Kälber, die aus dem Stall kommen." (Mal 3, 20)

Das Vorhandensein schmerzlicher Erinnerungen in unserem Gedächtnis ruft seelische Wunden und Komplexe in den Beziehungen zum Nächsten – und sogar zu Gott – hervor. Deshalb beginnt der innere Heilungsdienst zuerst im Bereich unserer Erinnerungen; denn was wir in unserem Gedächtnis gespeichert haben, ruft bewußt oder unbewußt somatische (organische bzw. nervöse) Reaktionen hervor.

In einer Atmosphäre des Gebetes und des Glaubens helfen wir der kranken Person, den Ursprung des Leidens (Ablehnung in der Familie, Verlassenheit, Gewalttätigkeit, Versagen, Unfall usw.) wiederzufinden. Dann nimmt man sich jeden einzelnen dieser schmerzlichen Fälle vor, um ihn, verbunden mit der Autorität des Namens Jesu, dem Licht des HERRN auszusetzen. ER, welcher der Arzt gestern, heute und in Ewigkeit ist, heilt die Verwundungen der Erinnerung, ähnlich wie die Sonne die Verletzungen unseres Körpers heilt. Wir befehlen im Namen Jesu, durch die Kraft der HEILIGEN WUNDEN (diese Wunden, welche die unseren geheilt haben), daß die Kranken geheilt seien: – *„Im Namen Jesu befreie ich dich von Furcht, Sorgen und Komplexen usw., die durch diese genannten Geschehnisse verursacht worden sind."*

Die Wurzel des Problems

Wir dürfen die Heilung nicht mit der Unterdrückung der Probleme verwechseln. Und wir dürfen uns auch nicht durch die Symptome irreführen lassen; denn diese kommen an die Oberfläche bzw. ändern sich, während das Problem bleibt.
Es kommt zum Beispiel vor, daß gewisse Personen mittels einer bestimmten Methode auf den Tabak verzichten, aber in der Folge um so mehr essen. Ein Alkoholiker kann mit dem Trinken aufhören; er wird jedoch anderen Lastern verfallen, wenn er nicht von Grund auf geheilt wurde. In diesen Fällen wäre das Problem nicht gelöst, sondern nur verschoben. Es existiert hier eine gewisse Ähnlichkeit mit einem aufgeblasenen Ballon: Wenn man ihn auf einer Seite zusammendrückt, weicht die Luft auf die andere Seite aus.
In der Regel handelt es sich um eine Verletzung infolge Mangel an Liebe oder Perversion der Liebe, die sehr vielen unserer Krankheiten zugrunde liegt. Deshalb spricht man von der „Heilung des Herzens". Eine negative Liebeserfahrung, infolge Mangel oder Perversion, wird durch positive Erfahrungen wahrer Liebe geheilt. Darum genügt es nicht, nur das Problem oder den Grund der Konflikte zu entdecken, sondern noch wichtiger ist es, dieses Vakuum mit der barmherzigen Liebe des Herzens Jesu zu füllen.
Die Heilung Jesu wirkt in die Tiefe. Sie löst den zugrundeliegenden Knoten, der die Ursache aller Komplikationen ist. Diese Wurzel kann auf zweierlei Weise entdeckt werden: Entweder man führt mit der Person ein Gespräch und versucht dabei festzustellen, wann und

wie das Problem entstand – die Hälfte der Heilung eines emotionellen Problems beruht auf der Fähigkeit, dem Patienten mit Liebe zuzuhören, ohne ihn zu verurteilen –, oder man benützt die Gabe der charismatischen Unterscheidung.

Eine Frau litt an so heftigen Asthma-Anfällen, daß sie beinahe daran erstickt wäre. Als sie mit Monsignore Alfonse Uribe Jaramillo sprach und als man sich Gedanken darüber machte, wie und wann die Krankheit begonnen hatte, kam es ihr in Erinnerung, daß vor der Geburt ihres zweiten Sohnes eine Nachbarin bösen Leumundes behauptet hatte, es wäre nicht das Kind ihres Mannes. Das verletzte sie so sehr, daß dies zum Anlaß für ihr Asthma wurde. Es handelte sich also um keine Krankheit, sondern um ein Symptom einer emotionellen Verletzung, das verschwand, nachdem die Frau die Ursache entdeckt und um Heilung gebeten hatte.

Was die charismatische Unterscheidung anbelangt, gibt der HERR bei bestimmten Anlässen ein besonderes Licht, um bis zur Ursache des Problems zu gelangen. Der HERR kommt unserer Unfähigkeit zu Hilfe, damit nach Aufdeckung des Krankheitsgrundes – was menschlich gesehen oft unmöglich ist oder zuviel Zeit und zu viele psychologische Methoden erfordern würde – die Krankheit geheilt werden könne.

Die charismatische Unterscheidung ist nicht das Ergebnis einer psychologischen Technik, sondern eine besondere Gnade des HERRN in einem besonderen Fall.

Ein 13jähriges Mädchen erwachte eines Sonntags mit Schreien, weil ein Mann in sein Zimmer eingedrungen war. Am nächsten Morgen war es blind. Da die Familie sehr arm war, suchte man bei Kurpfuschern Hilfe; anschließend, jedoch ohne Erfolg, bei Ärzten.

Schließlich brachte man sie in die Kirche. Da ich von Medizin nichts verstehe, begann ich zu beten – ohne Ergebnis. Dann inspirierte mich der Heilige Geist, in „Sprachen" zu beten; da wurde mir ganz klar, daß dieses Kind nicht körperlich blind war; es hatte als Folge des Schocks, den es erlebte, als es einen Mann in sein Zimmer eindringen sah, eine seelische Verwundung erlitten.

Wir baten den HERRN, das Mädchen von ihren inneren Verwundungen zu heilen – und zehn Minuten später begann es zu sehen. Es hatte sein Sehvermögen vollkommen wiedererlangt. Die emotionelle Verwundung war die Wurzel des physischen Übels. Mit der Ursache war auch die Folge beseitigt.

Man soll darum beten, daß der HERR die Bindungen an die Vergangenheit, die sich in der Gegenwart auswirken, löse. Dann bittet man den HERRN, diesen Zeitabschnitt der Vergangenheit oder diese schmerzlichen Umstände mit Liebe, Verständnis und Frieden auszufüllen.

Anläßlich eines Freizeittreffens in Caracas (Venezuela) erzählte mir eine Nonne, daß sie, trotz der Befriedigung über ihre Berufung und ihr missionarisches Apostolat, ständig unter einem Gefühl von Traurigkeit, deren Ursache sie nicht kenne, leide. Wir beteten um ihre innere Heilung, und während des Sprachengebetes bekam eine Glaubensschwester in ihrem Geist das Bild eines weinenden fünfjährigen Mädchens, das sich in einem verschneiten Tannenwald verirrt hatte. Man fragte die Nonne, ob ihr dieses Bild etwas sage, und mit Tränen in den Augen antwortete sie:

„Als ich klein war, lief ich von zuhause fort, verlor im Schnee die Wegspuren und konnte nicht nachhause zurückfinden. Meine Eltern wußten nicht mehr, wo sie mich suchen sollten. Einige Stunden lang, allein und verirrt, litt ich furchtbar, weil ich dachte, daß ich meine Eltern nie mehr wiedersehen würde.“

Wir baten dann Jesus, den GUTEN HIRTEN, diese seelische Verwundung zu heilen; war er doch in jenen schmerzlichen Stunden bei ihr. Er ließ sie auch später niemals allein und verhinderte, daß sie sich auf den Wegen des Lebens verirrte.

Sie wurde geheilt, und Freude kam wieder in ihr Leben und ihre Arbeit. Für unseren Gott ist alles gegenwärtig; er heilt uns von unseren Übeln, selbst wenn sie in der Vergangenheit ihre Wurzeln haben.

Die Heilung der Erinnerung beruht auf der Tatsache, daß Jesus immer noch derselbe ist – gestern, heute und in Ewigkeit (Hebr 13, 8) – und daß die Verdienste der Erlösung immer gegenwärtig und wirksam sind. Beim Dienst der Heilung verfügen wir über die Verdienste des Opfertodes Jesu Christi, und wir erfahren in einem bestimmten Augenblick unseres Lebens die Früchte seiner Erlösung.

Der Ausgangspunkt ist die Gewißheit, daß Jesus vor beinahe 2000 Jahren unsere Schmerzen und Krankheiten auf sich nahm. Durch den Glauben eignen wir uns den Sieg Jesu Christi an.

Für jene Menschen, die resigniert und sich damit abgefunden haben, mit ihren Gewohnheiten und Traumata zu leben, keimt durch die innere Heilung eine Hoffnung. Eine Tür ist geöffnet für die Heilung jener, die trotz all ihrer menschlichen Anstrengungen weder fähig

waren, sich zu ändern, noch die Ketten, die sie zu Gefangenen der Vergangenheit machten, zu zerbrechen.
Jesus kam, um uns das LEBEN, und zwar das Leben in Fülle, zu bringen. Er will uns frei sehen, und er befreit uns von allen Banden, die uns an eine traurige Vergangenheit oder an ein negatives Erlebnis fesseln.
Es gibt Menschen, die sich dem Sakrament der Versöhnung nähern und immer wieder dieselben Fehler und Sünden beichten, als ob dieses Sakrament nur die Verzeihung Gottes und nicht auch die Kraft, siegreich im Kampf gegen die Sünde zu bestehen, schenken würde. Die innere Heilung hat uns von diesen Abhängigkeiten, die uns versklaven und uns daran hindern, die Ebene der Vereinigung mit Gott zu erreichen und Heiligung zu erlangen, befreit. – Bedeutet dies also, daß die innere Heilung wirksamer ist als das Sakrament? Keinesfalls! Denn im Sakrament der Versöhnung kann die innere Heilung ihre tiefste Auswirkung finden.
Wenn die Priester sich der Heilungskraft des Sakraments der Versöhnung bewußt wären, würden sie nicht aufhören, es anzuwenden. Der Priester, der das Sakrament auf die Absolution beschränkt und nicht um die innere Heilung betet, beschränkt in bedauernswerter Weise die Kraft des Sakramentes.

Gebet für innere Heilung

Da wir fast alle an Verletzungen der Vergangenheit leiden, so führen wir hier ein Gebet um innere Heilung an, damit der HERR die Herzen derer heile, die erkennen, daß sie der Heilung bedürfen.

„Vater der Güte, Vater der Liebe,
ich preise Dich, ich lobe Dich;
und ich danke Dir, weil Du uns aus
Liebe Jesus geschenkt hast!
Danke, Vater,
im Lichte Deines GEISTES
erkennen wir, daß ER das LICHT ist,
die WAHRHEIT und der GUTE HIRTE,
der gekommen ist, damit wir Leben,
und zwar das LEBEN in Fülle, haben.

Heute will ich Dir, Vater, diesen Sohn (Tochter) vorstellen;
DU kennst ihn (sie) mit Namen.
Ich bringe ihn (sie) DIR, o HERR,
damit DU einen väterlichen Blick auf sein (ihr) Leben werfest.
DU kennst sein (ihr) Herz und die Verwundungen, die er (sie) auf seinem (ihrem) Lebensweg erlitten hat.
DU weißt, was er (sie) tun wollte und nicht getan hat.
DU weißt, was er (sie) getan hat, und DU weißt auch das Böse, das man ihm (ihr) zugefügt hat.
DU kennst seine (ihre) Grenzen, seine (ihre) Fehler und Irrtümer und seine (ihre) Sünden,
seine (ihre) Traumata (Wunden) und die Komplexe seines (ihres) Lebens.

Heute, VATER, bitten wir Dich durch die Liebe Deines Sohnes Jesus Christus, Deinen Heiligen GEIST auf diesen Bruder (Schwester) auszugießen, damit die Wärme Deiner Liebe, welche uns heilt, in die tiefsten Tiefen seines (ihres) Herzens dringe.
Wir bitten Dich, der Du die zerbrochenen Herzen heilst und ihre Wunden verbindest,
heile ihn (sie), VATER!

Tritt ein in dieses Herz, wie DU in das Haus eingetreten bist, in dem die eingeschüchterten, verängstigten Jünger versammelt waren!
DU bist mitten unter ihnen erschienen und sprachst zu ihnen:
„Frieden sei mit euch!“
Tritt in dieses Herz ein und schenke ihm Deinen Frieden!
„Erfülle es mit Deiner Liebe!“
Wir wissen, daß die Liebe die Furcht vertreibt.
Tritt ein in sein (ihr) Leben und heile sein (ihr) verwundetes Herz!
Wir wissen, HERR, daß Du es jedesmal tust, wenn wir DICH darum bitten;
und wir bitten Dich darum, zusammen mit Maria, unserer Mutter, die bei der Hochzeit zu Kana mit dabei war.
Als es keinen Wein mehr gab, hast DU auf ihren Wunsch geantwortet, indem Du Wasser in Wein verwandeltest.
Gib ihm (ihr) ein großmütiges Herz, ein liebenswürdiges, voll von Güte, gib ihm (ihr) ein neues Herz!
Laß, o HERR, in diesem Bruder (Schwester) die Früchte Deiner Gegenwart wachsen!

Schenke ihm (ihr) die Früchte Deines Geistes: Liebe, Frieden und Freude!
Schenk es, bitte, daß auf ihn (sie) der GEIST der SEGNUNGEN herabkomme, damit er (sie) jeden Tag Gott suchen und Seine Gegenwart erleben kann; und daß er (sie), aus Gnaden, ohne Komplexe und Traumata leben kann, zusammen mit seiner (ihrem) Frau (Ehemann), seiner (ihrer) Familie und seinen (ihren) Brüdern!
Ich danke Dir, VATER, dafür, was DU heute in seinem (ihrem) Leben tust.
Wir danken Dir, VATER, für Deine Güte, denn DU bist es, der uns heilt,
DU bist es, der uns befreit,
DU bist es, der die Ketten zerbricht und uns die Freiheit wiederschenkst!

Danke, HERR,

denn wir sind der Tempel DEINES GEISTES, und dieser Tempel kann nicht zerstört werden, denn er ist das HAUS GOTTES!

Wir danken Dir, HERR,

für den Glauben und die Liebe, die DU in unsere Herzen eingepflanzt hast!
Wie groß bist Du, o HERR!
Sei gelobt und gepriesen, o HERR!

Das Gebet

Das, was uns am meisten bei dem Gebet um die innere Heilung anderer Menschen hilft, ist – so glaube ich – die eigene Erfahrung, die wir früher einmal gemacht haben. Zuerst müssen wir um erbarmendes Mitleid bitten. Dieses ist ein charakteristisches Merkmal des erbarmungsvollen Herzen Jesu Christi. – Er hatte Mitleid mit den Menschen, deshalb heilte er sie und versorgte sie mit Nahrung.
Ohne Mitleid („mit-leiden") ist unser Gebet nur eine äußere Lautform, die nicht vom Herzen kommt.
Für das Gebet um innere Heilung gibt es kein Modell, das man in je-

dem Fall anwenden könnte. Man muß Jesus folgen, der unter dem Impuls des Heiligen Geistes lehrte und heilte. Ich kenne keine Methode – Jesus hatte keine.
Wir wollen nur eine Erfahrung wiedergeben, nämlich wie Gott uns lehrte, für die Kranken zu beten. Im folgenden zeigen wir einige Wege, die nützlich sein könnten; doch wollen wir dabei nicht vergessen, daß Gott uns noch andere, neue Wege zeigen kann.

1. Das Gebet: „Im Namen Jesu"

„Jesus ist der einzige Mittler zwischen Gott und den Menschen; deshalb gibt es keinen anderen Namen, der den Menschen für ihr Heil gegeben ist." (Vgl. 1 Tim 2, 5 / Apg 4, 12)
„Nur Jesus heilt, befreit und rettet! Alles, was wir in seinem Namen bitten, gewährt uns der VATER." (Joh 16, 23)
„Im Namen Jesu werden die Kranken geheilt."
(Vgl. Mt 7, 22 / Apg 4, 30)
Das Gebet im Namen Jesu beschränkt sich nicht darauf, diesen Namen zu nennen, sondern weckt zuerst unser Vertrauen.
Wenn ER in uns und wir wahrhaft in IHM beten, dann erhört der VATER immer unser Gebet.
Gewisse Menschen wiederholen und singen während des Heilungsgebetes, und ganz besonders während des Gebetes um Befreiung, den Namen Jesus viele Male. Es ist wahr, daß dieser Name Heilung und Kraft in sich einschließt, da er „Gott ist Hilfe, Rettung" bedeutet, und wir wissen sehr wohl, daß das Wort Gottes verwirklicht, was es in sich enthält.

2. Das Gebet: „Durch das Blut des Lammes"

Man ruft das kostbare Blut Jesu, des Lammes Gottes, an, das hinwegnimmt die Sünde der Welt, damit es uns von der Macht der Finsternis befreie.
Wir rufen das Blut Jesu Christi an; denn oftmals geschieht es, daß man nach einer gefühlsmäßigen Verwundung, einer Depression, einer Umsessenheit und manchmal sogar nach einer physischen Krankheit etwas Sündhaftes in sich zurückbehält.
Dann beten wir:

„Durch das KOSTBARE BLUT Jesu Christi erkläre ich dich frei von jeder Bindung und jedem Übel, das dich daran hindert, das Leben Jesu Christi in Fülle zu erlangen.“
Der Brief des Apostels Paulus an die Epheser klärt uns darüber auf, daß wir durch das Blut Jesu Christi erkauft worden sind. Ein Zeugnis darüber finden wir in einem Brief, der uns aus Guatemala erreichte:
„In der Gebetsversammlung für die Kranken saß ich tiefer als Sie, Pater Tardif, so daß ich Sie nicht sehen konnte; ich hörte Sie nur. Während Sie sprachen, trat ich, ohne mir dessen bewußt zu sein, in die wunderbare Welt Gottes ein.
Plötzlich bemerkte ich, daß etwas Besonderes geschah. Ich hatte das Gefühl, in der Luft zu schweben; dann begann ich stark zu schwitzen und fühlte das Bedürfnis, Gott mit lauter Stimme zu verherrlichen. Ich floß fast in Tränen über.
Dann begann das Gebet für die Kranken. Sie hießen uns über das Kreuz des HERRN meditieren. Ich konnte es mir ganz klar vorstellen und fühlte mich in dieses kostbare Blut eingetaucht: Mir kamen die Tränen aus Trauer über meine Sünden. ER sagte dann zu mir: “Ich liebe dich; sei getrost, denn selbst in all den Zeiten des Mangels an Verständnis habe ich dich auch geliebt.“ – (Jetzt, indem ich dies niederschreibe, muß ich wieder weinen.)
Danach verspürte ich ein seltsames Gefühl in meinem Magen. Außerdem heilte der HERR auch meine Harnblase und meinen Harnleiter, der als Folge meiner Geburten Schaden genommen hatten.
Ich verbrachte die ganze Nacht mit Loben und Danken – schlafen konnte ich nicht. Seither ist ein Jahr vergangen, und ich habe keine Schmerzen mehr. Aber das Wichtigste ist, daß von dem Augenblick an, als ich mich in das Blut Jesu Christi eingetaucht fühlte, wunderbare Dinge in meinem geistigen Leben geschehen sind.“

Virginie Diaz de Enriguez

3. Das Gebet: „Durch die Wunden Jesu“

Durch die Verwundungen Jesu sind wir von unseren Verwundungen geheilt worden. Durch seine Wunden wurden wir geheilt. Die Strafe, die uns Frieden bringt, hat ER erduldet; und durch seine Geißelung hat ER uns Heilung erworben.

Er, der Sohn Gottes, hat alle unsere Schmerzen und Krankheiten auf sich genommen, damit wir – frei von Furcht – in Heiligkeit und Gerechtigkeit alle Tage unseres Lebens IHM dienen können.
Aus diesem Grund pflegen wir so zu beten:
„Durch die heiligen fünf Wunden Jesu Christi spreche ich dich frei – losgekauft durch Jesus Christus – zur Freiheit eines Sohnes Gottes. HERR Jesus, heile durch die Kraft Deiner Wunden die Verwundungen der Erinnerung!
Heile die Wurzel dieses Problems, das Traurigkeit, Haß und Furcht verursacht!"

4. Das Sprachengebet

Wir werden darüber noch genauer in einem der folgenden Kapitel sprechen. Hier wollen wir indessen bereits erwähnen, daß unser Geist, während wir in Zungen beten, dem HERRN vollkommen zur Verfügung steht, damit er uns als reinen Kanal der Gnade seiner Heilung benutzen kann.
Das Gebet in „Sprachen" ist ein wunderbares Instrument, das in die Tiefe dringt, wohin weder der Mensch noch die Wissenschaft gelangen können.
Bei einer Freizeitveranstaltung der Priester in Lyon waren Priester anwesend, die für die Gabe der „Sprachen" offen waren; aber es gab auch solche, die sich widersetzten und sich sogar darüber lustig machten. Der schlimmste unter ihnen war ein Missionar, der an einer afrikanischen Universität Kurse in arabischer Sprache gab.
Am zweiten Tag stand dieser Priester in der Versammlung auf und schrieb bizarre Zeichen an die Tafel. Tief bewegt erklärte er uns anschließend:
„Während des Sprachengebetes sagten Sie gestern auf arabisch:
„Gott schenkt Erbarmen!"
In jedem Sprachengebet schenkt uns Gott Erbarmen:
„Wir wissen ja nicht, um was wir bitten sollen, wie es sich gehört. Da tritt der Geist selbst für uns ein mit unaussprechlichen Seufzern." (Röm 8, 26-27)

5. Das Fürbittgebet Mariens

Wir werden später noch davon sprechen; es hat unter den grundlegenden Elementen des Heilungsgebetes seinen Platz. Maria hat das stärkste Charisma der Heilung, denn sie trug Jesus, unser Heil, in ihrem Schoß, und sie stand am Fuß des Kreuzes, wo das Lamm Gottes infolge unserer Rebellion verwundet wurde. Weltweit wurde in allen Marienheiligtümern die Segenskraft der Fürbitte Mariens festgestellt.

Geisteskrankheit und Versöhnung

Auch unsere Seele kann krank werden; und dies ist schlimmer als ein Krebs oder ein psychisches Trauma.
An einem Samstag kam Jesus zum Teich von Bethesda, das heißt „Haus der Barmherzigkeit". Dort sah er einen Mann, der auf seinem Bett lag, und befahl ihm:

„Steh auf, nimm dein Bett und geh!"

Der Mann, der seit 38 Jahren gelähmt war, hatte in den Augen Gottes Gnade gefunden; er erhob sich und ging. Dann begegnete ihm der MEISTER wieder im Tempel und sprach zu ihm:

„Du bist geheilt, sündige hinfort nicht mehr!"

Jesus sagte nicht, daß er, falls er sündigte, länger als 38 Jahre gelähmt bliebe, sondern, daß die Tatsache des Sündigens schlimmer als 38 Jahre Lähmung wäre. Außerdem ist die Sünde nicht nur eine Krankheit – sie bewirkt auch notwendigerweise den Tod.

„Denn der Lohn der Sünde ist der Tod." (Röm 6, 23)

Die Sünde bewirkt den Tod; denn sie beraubt uns des Lebens aus Gott, oder was noch schlimmer ist, sie beraubt uns Gottes, der das LEBEN ist:

„Denn mein Volk hat zwei Übel getan: Mich, die Quelle lebendigen Wassers, haben sie verlassen und sich Zisternen gegraben, Zisternen, die durchlöchert sind, und kein Wasser halten können." (Jer 2, 13)

Die Sünde ist im Grunde ein Mangel an Glauben an Gott; ein Mangel, der durch ein Übermaß an Selbstvertrauen hervorgerufen wird. Wir glauben mehr an uns (unsere Werte, unsere Gedanken, unsere Sicherheiten usw.) als an Gott. Das Essen von der verbotenen Frucht

des Paradieses hatte zur Folge, daß der Mensch, um sich zu verwirklichen, mehr auf sich selbst vertraute als auf den von Gott vorgeschlagenen Weg.
„Wer aber gegen mich sündigt, verletzet seine eigene Seele. Alle, die mich hassen, lieben den Tod." *(Spr 8, 36)*
„Aber tun sie wirklich mir weh – Spruch des Herrn – und nicht vielmehr sich selbst, zu ihrer eigenen Schande?" *(Jer 7, 19)*
Gott liebt uns so sehr, daß er – da er das Übel, das die Sünde in uns bewirkt, kennt – uns die Sünde verbietet; denn er möchte nicht, daß wir zu Sklaven werden.
Die vollkommene Befreiung besteht in unserer Befreiung vom Gesetz der Sünde, das uns dazu treibt, das Böse zu tun, das wir nicht tun wollen, und uns daran hindert, das Gute zu tun, das wir tun möchten. Gott vergibt uns also nicht nur unsere Sünden, sondern er stärkt uns sogar darin, daß wir nicht sündigen.
Außerdem ändert er unser Herz, so daß wir wollen und auch tun, was ER befiehlt. Nicht, daß ER etwa von außen her Befehle gäbe, sondern es handelt sich um einen inneren Antrieb, der – wie eine Forderung, eine Notwendigkeit – im Herzen des Menschen, das vom Heiligen Geist verändert worden ist, seine Quelle hat.
Es gibt keinen Menschen, der mehr Mensch ist als derjenige, der aus der Sklaverei der Sünde befreit wurde.
„...Doch du bist ein Gott, der verzeiht, du bist gnädig und barmherzig, langmütig und reich an Huld..." *(Neh 9, 17)*
ER will uns immer und für alle Zeiten verzeihen, wenn wir IHN reumütig darum bitten. ER hat uns bereits alle unsere Sünden vergeben. Das kostbare Blut Christi, vergossen am Kreuz, ist das Heilmittel, das uns von allen unseren Sünden heilt!
„Wer ist ein Gott wie du, der du Schuld verzeihst und dem Rest deines Erbvolkes das Unrecht vergibst?
Gott hält nicht für immer fest an seinem Zorn; denn er liebt es, gnädig zu sein. Er wird wieder Erbarmen haben mit uns und unsere Schuld zertreten.
Ja, du wirfst all unsere Sünden in die Tiefe des Meeres hinab."
(Micha 7, 18-19)
Wir aber sollen diese Heilmittel im Glauben, als Mittel der Versöhnung, annehmen. Durch den Glauben eignen wir uns – aufgrund seines Opfers, das er am Kreuz für uns vollbrachte – die Verdienste Jesu an.

Durch die Bekehrung lassen wir den ganzen Reichtum der Früchte der Erlösung wirksam werden. Es genügt, daß wir – um Vergebung zu erlangen – im Hinblick auf seine Barmherzigkeit bekennen, daß wir Sünder sind.

„Wenn wir unsere Sünden bekennen, so ist er treu und gerecht; er vergibt uns die Sünden und reinigt uns von allem Unrecht."
(1 Joh 1, 9)

In diesem Zusammenhang spielt das Sakrament der Versöhnung eine große Rolle, denn es ist das Sakrament der Begegnung mit der Freude; es ist die Rückkehr des „verlorenen Sohnes" ins Haus seines barmherzigen Vaters, der ihm neue Schuhe anzieht (Würde), ein neues Kleid (neues Leben) und einen Ring (Erbe) an die Hand gibt. Der Vater arrangiert ein Fest; denn der Sohn, den man für tot hielt, ist zum Leben zurückgekehrt. (Lk 15, 11-24)

Jesus sandte die Apostel aus, um die Toten aufzuerwecken (Mt 10, 8); und der Tod ist nicht mehr – für niemanden, der infolge der Sünde das Leben aus Gott verlor. Viele indessen verstehen dieses schöne Sakrament noch nicht; sie haben davor Angst und suchen tausend Ausreden, um nicht zu beichten.

Es gab einen Priester, der in einem kleinen Dorf im hohen Norden arbeitete. Um zur Beichte in das nächstgelegene Dorf, wo ein anderer Pfarrer tätig war, zu gelangen, gab es keine Straße, so daß er ein altes, kleines Flugzeug benutzen mußte.
Deshalb erklärte er:
„Ich beichte nicht mehr, denn eine Reise im Flugzeug zu bezahlen, um eine läßliche Sünde zu beichten, ist wahrhaftig eine allzu teure Sache. Und falls ich eine Todsünde begangen hätte, dann hätte ich Angst, in diesen alten Kasten zu steigen."
Eines Tages kehrte ich im Auto in mein Dorf zurück. Ohne es zu bemerken, hatte ich die Geschwindigkeitsgrenze überschritten, so daß mich ein Polizist auf einem Motorrad anhielt. Ich blieb stehen, und der Polizist, bewaffnet mit seiner Pistole, kam heran. Er war zornig, da er mir schon 10 Minuten lang gefolgt war. Während er meine Papiere ansah, fragte er mich:

„Sie also sind der berühmte Pater Tardif?"
„Ja", sagte ich, „wollen Sie beichten?"
Er war so erschrocken, daß er mir auf der Stelle die Papiere zurückgab und versicherte, er hätte es sehr eilig. Trotz seiner Pistole und al-

lem übrigen Zeug hatte er Angst zu beichten. Infolge dieser Angst gab es für mich keine Strafe und für ihn keine Beichte.
Wir fürchten uns vor der Beichte, denn wir begreifen nicht, daß es sich um ein Sakrament der Liebe Gottes handelt.
Jedesmal, wenn wir Gott um Verzeihung bitten, vergibt er uns – egal, wie schwer unsere Sünde auch war. Er entrüstet sich niemals wegen unserer Sünde; doch er erwartet, daß wir sie bekennen und ihn um Vergebung bitten, ohne uns zu entschuldigen oder den Fehler zu verkleinern. Es gibt nur eine Sünde, die Gott nicht verzeihen kann:
Diejenige, deretwegen wir ihn nicht um Vergebung bitten, die wir nicht als Sünde anerkennen beziehungsweise die wir selbst rechtfertigen.
Der Priester ist das Werkzeug der Vergebung Gottes. Er ist nicht Richter, nicht Henker, sondern Kanal, durch welchen die göttliche Barmherzigkeit fließt. Es gibt keine tiefere und wirksamere Aufgabe, als den im Schlamm der Sünde versunkenen Sünder aufzunehmen und ihn vor die Pforte des Paradieses zu stellen. Der Priester ist der einzige Mensch in der ganzen Gemeinde, welcher die Macht hat, Sünden zu vergeben und die Eucharistie zu feiern. Niemand kann ihn ersetzen. Jedesmal, wenn der Priester Beichte hört, ist er ein Prophet Gottes, der im Namen Gottes zu uns spricht: „Ich spreche dich von deinen Sünden los" – er sagt es im Namen Gottes.
Außerdem, ebenso wie die Eucharistiefeier eine bevorzugte Möglichkeit, eine Art Privileg ist, um Heilung zu erlangen, ist die „Versöhnung" der beste Moment, um auch für die innere Heilung zu beten. Ein Priester wandte jedoch mit großer Überzeugung ein:
„Ich kann nicht für jeden Menschen eigens und dazu noch andächtig beten, denn dann hätte ich keine Zeit mehr zum Arbeiten." – Ich erwiderte ihm:
„Aber welche andere Arbeit hast du denn, außer deprimierte und bedrückte Menschen zu befreien und ein Botschafter der „Versöhnung" zu sein?"
Er glaubte, daß es seine Arbeit sei, den Saal der Pfarrei neu auszumalen. Dabei opferte er das, was nur er tun konnte, auf, für das, was auch die anderen hätten tun können. Es gibt andere Priester, die lieber das Geld der Kollekte zählen, als den Leuten von den Wundern Gottes zu berichten, und sie aus ihrer Sklaverei zu befreien.

Genesung

In allen Krankheitsfällen, die wir erlebten, hatte der Zeitabschnitt der Genesung eine ganz große Bedeutung; denn davon hängt die ganze Heilung, sowohl die körperliche wie auch die innere Heilung, ab. Wenn der HERR durch eine verblüffende oder wunderbare Heilung eingegriffen hat, dann braucht die betreffende Person eine bestimmte Zeit der Genesung, um nicht rückfällig zu werden.
Es folgen einige Bemerkungen darüber, was wir unter Genesung verstehen.

a) Sakramentales Leben

Die vom HERRN geheilte Person braucht in ganz besonderer Weise eine belebende und stärkende Nahrung, die uns Gott in seinen Sakramenten anbietet; wir sprechen hier vom sakramentalen Leben; denn das ist das Leben, das göttliche Leben, welches sich uns mittels der Sakramente mitteilt.
Man kann nicht darauf verzichten, wenn man eine totale Heilung wünscht.

b) Das Gebet

Dies ist der direkte Kontakt mit der Quelle der Gesundheit. Der innige Kontakt mit dem HERRN ist für den Kranken ebenso wichtig wie das Blut und der Sauerstoff. Wenn wir diese Verbindung unterbrechen, setzen wir uns der Gefahr aus, etwas zu verlieren, was kostbarer ist als die physische oder seelische Gesundheit. Das Gebet ist eine Kommunion der Liebe.

c) Lesung des Wortes Gottes

Das Wort Gottes reinigt und heilt:
„Ihr seid schon rein, durch das Wort, das ich zu euch gesagt habe.“ (Joh 15, 3)

„Weder Kraut noch Wundpflaster machte sie gesund, sondern dein Wort, HERR, das alles heilt.“ (Weish 16, 12)
Die „Heilige Schrift“, im Glauben und unter Gebet gelesen, ist das wirksamste Heilmittel, denn sie ist das „WORT des ewigen Lebens“ (Vgl. Joh 6, 68).

d) Die Gemeinde

Manchmal verliert man die Frucht einer inneren Heilung, weil man sich isoliert und nicht in die Gemeinde der Gläubigen integriert. Ja noch mehr, wir können versichern, daß Gott wünscht, daß nicht nur die Glieder, sondern der ganze Leib seines Sohnes gesund sei.
Die völlige Heilung geschieht in dem Maße, in dem wir, in der Hoffnung auf die ewige Heimat, das Mysterium – nämlich der Körper Christi zu sein, das heißt die Gemeinschaft des Glaubens und der Liebe – fest ins Auge fassen.

e) Der Dienst

Wir alle suchen das Glück; deshalb wünschen wir die Heilung. Die vollkommene Heilung finden wir jedoch in den Seligpreisungen Jesu Christi. Jesus gab uns eine „Goldene Regel“, um glücklich zu sein.
„In allem habe ich euch gezeigt, daß man sich auf diese Weise abmühen und sich der Schwachen annehmen soll, in Erinnerung an die Worte Jesu, des Herrn, der selbst gesagt hat: Geben ist seliger als nehmen.“ (Apg 20, 35)
In dem Maß, in welchem wir uns aufgeben, um uns andern zu schenken, werden wir die vollkommene Heilung erlangen.
Als Jesus Maria Magdalena von ihren sieben Dämonen befreite, folgte eine lange Zeit der Genesung, um die totale Heilung zu erlangen. Wenn wir genau hinsehen, bemerken wir, daß im Leben der Maria Magdalena diese fünf Punkte, die wir soeben aufgezählt haben (a-e), von Bedeutung waren.

6. Die Befreiung

Es gibt ein Gebiet, das ebenso heikel wie real ist, nämlich das Wirken des Dämons in der Welt und in den Menschen.
Jesus spricht des öfteren davon. Wir sehen, wie er im Kampf gegen Satan und seine Mächte, die die Welt beherrschen, steht. Außerdem liefert die Austreibung der Dämonen durch Jesus einen Beweis für seine messianische Sendung.
„Wenn ich aber die Dämonen durch den Finger Gottes austreibe, dann ist doch das Reich Gottes schon zu euch gekommen."
(Lk 11, 20)
„Am Abend brachte man viele Besessene zu ihm. Er trieb mit seinem Wort die Geister aus und heilte alle Kranken." (Mt 8, 16)
„Damals heilte Jesus viele Menschen von ihren Krankheiten und Leiden, befreite sie von bösen Geistern und schenkte vielen Blinden das Augenlicht." (Lk 7, 21)
Jesus hat durch seinen Tod den Fürsten der Finsternis besiegt, und durch seine Auferstehung wurden wir in das wundervolle Reich seiner Liebe versetzt.
Der Apostel Petrus faßt das messianische Werk Jesu in vier Punkten zusammen:
– gesalbt mit dem Heiligen Geist und seiner Macht,
– tat ER Gutes,
– indem ER heilte
– und diejenigen befreite, die vom Teufel bedrängt waren.
(Vgl. Apg 10, 38)
In dieser Synthese können wir den Dienst der Befreiung begreifen. Es handelt sich nicht um einen isolierten Dienst; er integriert sich vielmehr in den Zusammenhang der Evangelisation, in der Diener des HERRN tätig sind, welche die Salbung des Heiligen Geistes empfangen haben und die IHM im Namen Jesu Raum geben. Es geht nicht nur darum, die Dämonen auszutreiben, sondern auch darum, das Gute zu tun, und zwar das Maximum an Gutem, das heißt das Heil der Person und das der Gemeinde im Auge zu haben.
Die Apostel wurden ebenfalls ausgesandt, um zu evangelisieren und die Teufel auszutreiben (Mt 10, 7), – und glücklich kamen sie zurück, denn die Teufel hatten ihnen gehorcht (Lk 10, 17).
Es gibt jedoch Menschen, die der Ansicht sind, es wäre biblischer

Fundamentalismus oder ein Rückfall in mittelalterliche Vorstellungen, wenn man aus diesen Stellen auf die Existenz und das Wirken von Dämonen schließen würde.
Es ist nicht so, daß ich Interesse daran hätte, die Existenz Satans bekanntzumachen beziehungsweise in die Welt hinauszurufen; notwendig ist es vielmehr, daß die Welt Jesus kennt und liebt. Nun ist aber Satan der große Feind Gottes, der unserer Begegnung mit Gott Hindernisse in den Weg stellt. Wenn wir die verschiedenen Arten von Lügen, derer er sich bedient, nicht kennen, werden wir vor seinen Angriffen nicht gewarnt werden können.
Papst Paul VI. sagte in seiner berühmten Rede vom 15. Nov. 1972: *„Was die Kirche von heute am meisten benötigt, sind Verteidigungsmittel gegen den Bösen, der Dämon heißt. Das Böse ist nicht einfach das Fehlen von einem gewissen Etwas, sondern es existiert ein tätiger Agent, ein lebendes, geistiges, pervertiertes und perverses Wesen, das andere pervertiert. Man verstößt gegen die Lehren der Bibel und der Kirche, wenn man sich weigert, eine solche Realität zuzugeben."*
Man sollte hier erwähnen, das das „Vaterunser" mit den Worten endet:
„Erlöse uns von dem „BÖSEN", das heißt von einem Wesen – nicht nur von dem Bösen, einem Übel, wie man in der Regel übersetzt. (Vgl. Mt 6, 13)
Der große Sieg Satans – kommentiert Pater Salvador Carrillo, Doktor der Theologie, – besteht darin, daß wir nicht mehr an ihn glauben. Auf diese Weise gestatten wir ihm, in aller Freiheit in Menschenseelen einzudringen. Im „Alten Testament" erscheint der Teufel höchst selten. Nach der Geburt Jesu wird sein Einfluß noch schwächer, so daß er nur an ganz wenigen Stellen der „Heiligen Schrift" erwähnt wird. Aber angesichts der heilbringenden Gegenwart Christi verstärkt sich, gemäß den Evangelien, wiederum seine Tätigkeit, und seine Gegenwart wird offenbar. Was ist daran schon Sonderbares, daß in der heutigen Zeit, wo wir diese mächtige Offenbarung Christi erleben, sich die Kräfte des Bösen entfesseln, wie es auch während der Mission Christi geschah?
Wir betonen, daß der schädliche Einfluß des Teufels nicht im Mittelpunkt unserer Aufmerksamkeit stehen soll. Er ist nur ein Symptom, ein Zeichen dafür, das Jesus im Begriff ist, mächtig unter uns zu wirken. Jesus kam, um uns aus der Macht des Fürsten dieser Welt zu befreien, und ER hat die Schlacht am Kreuz gewonnen. Satan ist be-

siegt! Manchmal tobt er zwar, denn er ist gefesselt. Jesus hat jedoch bereits den Kopf des Feindes zertreten.
Andere Menschen stellen die Macht und das Wirken Satans allzusehr heraus und übertreiben dabei, indem sie alles, was böse ist, oder jede aufkommende Schwierigkeit ihm zuschreiben. Sie sehen überall den Teufel und wollen den leichtesten Schnupfen, den sie bekommen, mit Exorzismus austreiben.
Das ist das andere Extrem. Sie vergessen, daß auch die Welt und das Fleisch die Feinde der Seele sind. Dem Satan gefällt zweierlei: daß wir ihn nicht kennen oder daß wir ihm eine übergroße Bedeutung beimessen.
Sein Wirken offenbart sich auf dreierlei Weise:
1.) Irreführende Geister (Fopp- und Poltergeister);
2.) Umsessenheit, die am häufigsten vorkommt;
3.) Besessenheit, welche sehr selten ist.

Irreführende Geister (Fopp- und Poltergeister)

Es handelt sich um die Einwirkung Satans auf Körper und Sachen. Zum Beispiel: Geräusche in der Nacht; Sachen, die sich bewegen; Lichter, die verlöschen; Stimmen; gewisse, absonderliche Krankheiten, für welche es keine medizinische Erklärung gibt, usw. Das sind äußere Auswirkungen.
Ein Bischof der Karibik schickte mir einmal seine Cousine, die an einer sehr sonderbaren Krankheit litt. Ich betete, und der HERR befreite sie. Daraufhin bat sie mich, zu ihr nachhause zu kommen; denn dort geschähen sehr merkwürdige Dinge. Ich sagte ihr, ich hätte nicht die Absicht; denn ihr Cousin, der Bischof, könnte hingehen und das Haus aussegnen. Er erfüllte ihr auch diese Bitte. Daraufhin hörte das Problem auf. Alles war sehr einfach – denn für JESUS sind alle Dinge einfach.
Wir haben den Unterschied gemacht zwischen leichten und schwierigen Problemen; aber für Jesus ist keine Not zu schwer – ansonsten wäre er nicht der HERR.
Ich erinnere mich an einen anderen sehr wichtigen Fall.
Ein Mann, namens Julio Nunez, der sich nur auf allen Vieren, wie ein kleines Tier, fortbewegen konnte, wurde in einer Gebetsver-

sammlung vom HERRN geheilt. Seine Heilung hatte eine solch beglückende Wirkung auf ihn, daß er überall Zeugnis gab. Eine Dame begegnete ihm eines Tages und fragte ihn:
„Bist du nicht der Gelähmte?“ –
„Ja, aber der HERR hat mich wieder aufgerichtet“, erwiderte er glückselig.
Wir haben ihn, anläßlich verschiedener Freizeitveranstaltungen, sogar mehrmals eingeladen, uns zu begleiten und von seiner wunderbaren Heilung Zeugnis zu geben.
Ein Jahr später bat mich der Curé von San Francisco de Macoris, auf einer charismatischen Freizeitveranstaltung zu predigen. Ich lud Julio Nunez ein, da ich dachte, sein Zeugnis, als Mitglied der Pfarrei, würde besonders gut ankommen.
Als ich bei meiner Ankunft nach ihm fragte, näherte sich mir eine Frau und berichtete ganz traurig:
„Pater Emiliano, Julio hat einen Rückfall; er kann sich wieder nur auf allen Vieren fortbewegen.“
– „Seit wann?“
– „Seit fünf Tagen.“
Ich ließ ihn per Pferdewagen holen, und wir begannen, um seine Heilung zu beten. Wir baten den HERRN:
„HERR, das wirst Du uns doch nicht antun – gerade hier in der Pfarrei des Julio!
Was werden die Leute denken?“
Aber der HERR heilte ihn nicht. Daraufhin begann ich in „Sprachen“ zu beten, und blitzartig kam mir das Wort „Krankheitsgeist“ in den Sinn. Da ergriff ich im Namen Jesu die Autorität und sprach:
„Geist der Krankheit, ich befehle dir, im Namen Jesu, auszufahren, und dieses Kind Gottes freizugeben! Ich befehle dir, im Namen Jesu, zu weichen und dich zu Jesu Füßen niederzuwerfen, damit ER über dich verfüge; und ich verbiete dir, diesen Menschen, der ein Kind Gottes ist, nochmals zu belästigen, denn nichts an ihm gehört dir!“
Julio verspürte ein Zittern, stand ohne Mühe auf und begann zu gehen.
Satan hatte ihn angefochten, damit er nicht das Zeugnis seiner Heilung geben könne. Aber Gott ist gnädig und allmächtig und stellte Julio wieder her. Sein Zeugnis war nun ein doppeltes – das seiner Heilung und das seiner Befreiung von satanischem Zwang.
Im Sprachengebet kam der HERR unserer Schwachheit zu Hilfe und

schenkte uns die charismatische Unterscheidung, um uns darüber aufzuklären, was mit Julio geschehen war. Er litt an einem „Krankheitsgeist".

Dies mag jenen Menschen, die das Evangelium noch nicht gelesen haben, sonderbar erscheinen; aber man findet dort einen sehr ähnlichen Fall:

„Dort saß eine Frau, die seit achtzehn Jahren krank war, weil sie von einem Dämon geplagt wurde; ihr Rücken war verkrümmt, und sie konnte nicht mehr aufrecht gehen." (Lk 13,11)

In der Apostelgeschichte kann man feststellen, daß man zu den Aposteln viele Kranke und Personen, die von Geistern gequält wurden, brachte, um für sie beten zu lassen. (Apg 5, 16)

Die Umsessenheit

Wir nennen Umsessenheit den Einfluß oder die Einwirkung des Feindes auf den Geist des Menschen. Der Zwang zeigt sich auf der äußeren oder materiellen Ebene, die Umsessenheit mehr auf der inneren.

Gewisse Menschen werden von schrecklicher sexueller Umsessenheit gequält, von Selbstmord- und Lästergedanken, von Neigung zu Selbstzerstörung und Verachtung oder von einem Geist, der das Gefühl hervorruft, daß man der Vergebung Gottes unwürdig sei. Manchmal ist in diesen Fällen die Ursache nicht nur physischer oder psychologischer Natur, sondern man wird von einer Umsessenheit geplagt, die versklavt und uns der Kräfte, die Sieg geben, beraubt.

Die Umsessenheit ist ähnlich einer Versuchung; aber anstatt vorübergehender Art zu sein, ist sie permanent, fortdauernd. Außerdem liegt in ihr eine Kraft und Intensität, welche unsere menschlichen Fähigkeiten, sie zu überwinden, übersteigt.

In Mexiko brachte man einst eine Frau zu mir, die seit Jahren an eigenartigen Beschwerden litt. Ich betete mit ihr und forderte sie auf, mit mir das Vaterunsergebet zu sprechen. Sie aber konnte die Worte, *„Vergib uns unsere Schuld, wie auch wir vergeben unsern Schuldigern"*, nicht aussprechen. – Sie hatte einen starken Groll in sich; denn ein Feind hatte sie – um sich an der Familie zu rächen – verflucht. Daraufhin begann sie, sehr zu leiden und diesen Menschen zu hassen. Es handelte sich hier nicht nur um ein einfaches Ressentiment, einen Groll, sondern um eine echte Versklavung.

Ich betete um ihre Befreiung, aber ohne Erfolg. Dann erinnerte ich mich an diesen Jungen, den die Jünger aus den Banden Satans nicht befreien konnten und den sie zu Jesus brachten. Wir näherten uns daraufhin dem Allerheiligsten Sakrament des Altars, und ich bat Jesus, sie durch sein kostbares Blut zu befreien. Der HERR befreite sie unverzüglich vom Geist der Zauberei und vom Groll. Zum erstenmal seit langer Zeit konnte sie das „Vaterunser" wieder sprechen.

Einem verheirateten Mann, der in der Dominikanischen Republik lebte und zwei Kinder hatte, gelang es nicht, von der Prostitution loszukommen. Der Wunsch war stärker als seine Kräfte, und er konnte ihn nicht überwinden. Er bemühte sich zwar in dieser Richtung – aber ohne Erfolg. Wir beteten um seine Befreiung – ebenfalls ohne Ergebnis; bis wir endlich begriffen, daß wir nicht nur den unreinen Geist verjagen, sondern diesen Menschen auch zur Reue und Buße einladen müßten, ebenso wie auch zur Beichte, dem Sakrament der Versöhnung, und zur Eucharistie. Dann tat der HERR sein Werk an ihm, und er wurde von seiner Umsessenheit befreit.

In Quebec tauchte im Geist einer Ordensschwester, wenn sie zur heiligen Kommunion ging, ein Bild voller Lästerungen auf. Sie weinte und litt darunter sehr. Dann entschloß sie sich, mit ihrem Beichtvater darüber zu sprechen; er riet ihr, zur Jungfrau Maria zu beten. Weder Reue und Buße, noch Fasten führten zu einem Ergebnis. Eines Tages besuchte ein charismatischer Priester aus Quebec das Kloster und betete um ihre Befreiung von diesem Lästergeist. Dank diesem Gebet wurde sie vollkommen frei.

Im Neuen Testament werden verschiedene Arten von Geistern erwähnt, die man kennen sollte:

– Unreiner Geist: er kommt am häufigsten in folgenden Schriftstellen vor:
Mt 12, 43 / Mk 1, 23, 26, 27
Mk 3, 11; 5, 2; 8, 13; 7, 25;
Lk 4, 33-36; 6, 18; 8, 29;
Lk 9, 25-42; 11, 24

– Stummer Geist: in Mk 9, 17
– Taubstummer Geist: Mk 9, 25
– Böse Geister: Lk 8, 21
– Wahrsagegeister: Apg 16, 16

– Geist des Bösen: Eph 6, 12
– Irreführende Geister: 1 Tim 4, 1

Das Gebet um Befreiung

Der Dienst der Befreiung geschieht vermittels des Namens Jesu Christi und seiner Macht. In seinem Namen beten wir das „Vaterunser" und widerstehen den Fallstricken des „Feindes". Dank seiner Macht befreien wir von Zwang, Anfechtung und Umsessenheit.
Diese Befreiung hat zwei Aspekte:
– Den VATER im Namen Jesu zu bitten, daß ER die betreffende Person von allem, was sie versklavt, befreie. Dieser Aspekt ist klar und verlangt keine besondere Anrufung.
– Im Bewußtsein und eingedenk der Macht Jesu befehlen. ER sagte (Mk 16, 17):
„In meinem Namen werden sie Dämonen austreiben."
Es handelt sich nicht um eine Bitte, sondern um den Befehl, die Person freizugeben und sie in Ruhe zu lassen. Diese Befehlsgewalt (Autorität) wird im Namen JESU ausgeübt. Das einfachste und wirksamste Gebet finden wir beim Apostel Paulus (Apg 16, 18):
...„Ich befehle dir im Namen Jesu Christi, von dieser Frau auszufahren!"...
Gewisse Personen treiben den Geist aus, ohne ihm zu verbieten, wiederzukommen; sie vergessen die folgende Stelle aus dem Evangelium:
„Ein unreiner Geist, der einen Menschen verlassen hat, wandert durch die Wüste und sucht einen Ort, wo er bleiben kann.
Wenn er aber keinen findet, dann sagt er: Ich will in mein Haus zurückkehren, das ich verlassen habe. Und wenn er es bei seiner Rückkehr leer antrifft, sauber und geschmückt, dann geht er und holt sieben andere Geister, die noch schlimmer sind als er selbst. Sie ziehen dort ein und lassen sich nieder. So wird es mit diesem Menschen am Ende schlimmer werden als vorher;"... (Mt 12, 43-45)
Man muß dem bösen Geist gebieten, nicht mehr zurückzukehren. Bevor man diesen Befehl ausspricht, muß man zuerst um den Schutz des HERRN bitten.
Wie die Israeliten durch das Blut des Osterlammes, das sie an ihre Türpfosten gestrichen hatten, vom Rache-Engel respektiert wur-

den, ebenso bedeckt und beschützt uns das Blut des LAMMES Gottes, wobei es uns von jedem Einfluß des Bösen befreit.
In der Regel beten wir so:
Ich rufe über mich und diejenigen Menschen, die hier sind, das BLUT des LAMMES Gottes, das die Sünde der Welt hinwegnimmt, herab, damit es uns von aller Sünde reinige und von allem Einfluß des Teufels beschütze.
Ich erinnere mich an einen der ersten Fälle von Befreiung, bei dem wir Fehler begingen, aus denen wir viel gelernt haben.
Ohne vorher um Bewahrung und Schutz zu bitten, beteten wir in einer Gebetsgruppe mit mehr als 30 Teilnehmern um die Befreiung einer bestimmten Person. Wir beteten und befahlen dem Geist, im Namen Jesu, auszufahren. Die Person stand auf und war befreit. Aber sogleich zeigten sich bei einer anderen Mitbeterin dieselben Symptome. Wir beteten wiederum, und der HERR befreite auch sie. Die Symptome waren jedoch nochmals auf eine weitere Person übergegangen. Außer der Tatsache, daß wir vergaßen, um den Schutz des HERRN zu bitten, haben wir etwas für das ganze Leben gelernt:
„Es genügt nicht, den Geist auszutreiben; man muß ihm auch verbieten, zurückzukehren." (Mk 9, 25)
Dann muß man ihn zum Fuß des KREUZES schicken, damit Christus über ihn verfüge.
– Dieses Gebet soll in einer Gruppe mit beschränkter Teilnehmerzahl geschehen; außerdem in einem privaten Raum, ohne die Anwesenheit von Neugierigen oder Kindern.
– Die Gebetsgruppe soll aus reifen und lebensklugen Leuten bestehen; Menschen, die nicht überall den Teufel sehen, sondern seine Einwirkung und seine Anwesenheit zu erkennen vermögen.
– Wir nehmen Autorität und Gewalt über alle Fesseln und Bande und zerbrechen sie im Namen Jesu, kraft seines KOSTBAREN BLUTES und seiner GLORREICHEN WUNDEN.
Schließlich ein letzter, wichtiger Gesichtspunkt:
Es genügt nicht, die Finsternis zu vertreiben; man muß auch das Licht Christi anzünden. Wenn wir wahrhaft evangelisieren, indem wir den anderen Menschen Christus nahebringen, werden zahlreiche Leidende der Befreiung von Umsessenheit nicht bedürfen; denn wenn Jesus Christus, der Stärkere, eintritt, treibt ER den Schwächeren hinaus (Lk 11, 22). – Das Licht vertreibt die Finsternis!

Die wirksame Befreiung kann nur in einer integralen, umfassenden Evangelisation erfolgreich zu Ende geführt werden. Die Geister austreiben, nur um sie auszutreiben, hat keinen Sinn. Jesus sandte seine Jünger aus, damit sie zuerst sein REICH verkündigten, und nicht, daß sie Dämonen austrieben. Die Austreibung der Dämonen ist eine Folge der Evangelisation. In der Regel weigere ich mich, um die Befreiung von Personen zu bitten, die an einer Bekehrung kein Interesse haben.

Selbstbefreiung

Im Fall der Anfechtung, des Zwanges und der Umsessenheit können wir ein Gebet um Selbstbefreiung sprechen, indem wir alles, was bisher gesagt wurde, berücksichtigen.
Durch den Glauben an unsere Taufe nehmen wir Teil am Sieg Christi und erhalten kraft seines Namens die Autorität, die Geister, die uns beunruhigen, uns behindern und verwirren, auszutreiben. Durch die Macht Christi erklärt sich die betreffende Person für frei – kraft des BLUTES JESU!
Je nach Art des Falles und und dem charismatischen Unterscheidungsvermögen, kann man folgendermaßen beten:
Geist des Selbstmordes, der Verachtung, der Unreinheit, des Grolls, der Furcht usw., im Namen Jesu befehle ich dir, von mir zu weichen; fliehe hin zu den Füßen Jesu, damit er über dich verfüge! Ich verbiete dir, in Jesu Namen, zurückzukehren und mir zu schaden!

Die Besessenheit

Sie ist sehr selten; und wir sollten erst an letzter Stelle, nachdem wir alle anderen Möglichkeiten ausgeschöpft haben, an sie denken. Sie kommt vor, wenn eine Person ihr Leben bewußt dem Satan ausgeliefert hat, indem sie ihre Seele dem Teufel verkaufte beziehungsweise Satanspakte mit ihrem Blut unterschrieb. Manchmal handelt es sich auch um Personen, die von ihren Eltern – wie es gewisse Zauberer tun – dem Teufel geweiht wurden.
Diese Versklavung ist so stark, daß diese Person in der Folge ihren

Willen verliert und auch die Möglichkeit, sich von diesen Fesseln zu befreien. Deshalb ist hier eine stärkere Kraft nötig, welche durch einen liturgischen Exorzismus herbeigerufen wird. Dieser formale Exorzismus wird vom Bischof oder einem von ihm dafür bestimmten Priester ausgeführt und von zahlreichen Gebeten und Fastenübungen begleitet.

7. Hilfen für die Heilung

Gewisse Autoren, welche Heilungshindernisse anführen, stellen Listen von Handlungen und Haltungen auf, die das Wirken des HERRN blockieren. Darüber könnte man diskutieren; denn Jesus ist der Meister des Unmöglichen, und nichts kann sein heilbringendes Eingreifen verhindern. ER ist frei und mächtig und kann mit oder ohne unsere Mitarbeit wirken. Es ist ganz gewiß wahr, daß ER uns gratis heilt.
Man behauptet zum Beispiel, daß der HERR infolge fehlenden bzw. mangelnden Glaubens nicht heilt. Ich bin indessen Zeuge von Heilungen unter Mohammedanern und Menschen ohne Glauben.
Gott ist viel größer als unser Mangel an Glauben. Wir können ihm keine Verhaltensregeln vorschreiben. Seine Wege sind nicht unsere Wege; sie sind viel besser als unsere Wege. (Jes 55, 8)
Aus diesem Grunde spreche ich lieber von Mitteln und Hilfen, die das Handeln Gottes begünstigen. Die Gnade Gottes ist immer wirksam; wenn sie aber auf vorbereiteten, bearbeiteten Boden fällt, kann sie reichere Früchte hervorbringen.

Durch Evangelisation

Das Schlimmste wäre, wenn man den Heilungsdienst aus dem Zusammenhang mit der Evangelisation herauslösen würde. Die Heilung wird oftmals falsch aufgefaßt, wenn man sie von der klaren Verkündigung des Heils in Jesus Christus isoliert und trennt.
Die Verheißung Jesu gilt:
„In meinem Namen werden sie Dämonen austreiben; sie werden in neuen Sprachen reden; wenn sie Schlangen anfassen oder tödliches Gift trinken, wird es ihnen nicht schaden; und die Kranken, denen sie die Hände auflegen, werden gesund werden." (Mk 16, 17)
Evangelisieren bedeutet, das integrale, durch Jesus Christus erworbene, umfassende Heil in die Herzen der Menschen einzupflanzen; ein Heil, das sich auf Körper, Geist und Seele erstreckt.
Heilen, ohne die GUTE NACHRICHT des Heils zu verkündigen, ist Quacksalberarbeit. Die von Gott gewirkte Heilung steht immer im Zusammenhang mit Evangelisation. Jesus sandte seine Jünger

aus, daß sie evangelisieren und auf diese Weise die Kranken heilen sollten; nicht nur heilen, sondern sie sollten auch die Heilsbotschaft der Welt verkündigen. Diese beiden Tätigkeiten gehören immer eng zusammen.
Die letzten Sätze im Evangelium des Markus lauten:
„Sie aber zogen aus und predigten überall. Der Herr stand ihnen bei und bekräftigte die Verkündigung durch die Zeichen, die er geschehen ließ." (Mk 16, 20)
Aus diesem Grunde bete ich nicht gern für Kranke, wenn ich nicht gleichzeitig verkündigen kann, daß Jesus lebt; desgleichen, wenn ich keine Zeugnisse geben kann, die beweisen, daß das Evangelium wahr ist und daß man es auch heute noch erfahren kann.
Ich bin Zeuge davon, daß sich die Wunder und Heilungen vervielfachen, wenn man die FROHE BOTSCHAFT von JESUS verkündigt. Ich kann es nicht verstehen, daß es noch Menschen gibt, die davon überrascht sind und die Wunder nicht akzeptieren. Was mich noch mehr wundern würde, wäre, daß Jesus seine Versprechungen, die Kranken zu heilen, wenn wir seinen Namen verkünden, nicht hielte.
Eines Tages war ich beim Essen, als mir jemand eine indiskrete Frage stellte:
„Pater Tardif, sind Sie sicher, daß Sie die Heilungsgabe haben?"
Ich konnte nicht sofort antworten, und alle starrten mich in Erwartung meiner Antwort an. Schließlich sagte ich:
„Ich bin sicher, daß ich den Auftrag zu evangelisieren habe und daß Zeichen und Heilungen die Verkündigung des Evangeliums immer begleiten. Was mich betrifft, ich predige und bete nur, während ER, Gott, die Kranken heilt. Auf diese Weise bilden wir ein gutes Arbeitsteam, und wir verstehen uns wirklich wunderbar."
Während des Kongresses in Quebec im Jahr 1974 bat man mich um einen Vortrag in Bezug auf die Zeichen, welche die Evangelisation begleiten. Der Konferenzsaal war voll – 2 000 Menschen.
Da draußen im Gang starker Lärm war, ging ich selbst hinaus, um die Tür zu schließen, damit wir uns alle besser konzentrieren könnten.
Im Gang sah ich eine Frau im Rollstuhl, die seit fünfeinhalb Jahren keinen Schritt mehr getan hatte. Ich lud sie ein, hereinzukommen; aber sie antwortete mir nur sehr traurig:
„Ich möchte ja gern, aber man läßt mich nicht hinein; denn der Saal ist voll, und ich kann doch nicht gehen!"

„Kommen Sie", sagte ich, und schob den Rollstuhl in den Saal.
Ich schloß dann die Tür und begann meinen Vortrag, indem ich mit Nachdruck davon sprach, wie wichtig es sei, den auferstandenen Jesus, der heilt und rettet, den Menschen nahezubringen.
Ich gab das Zeugnis meiner Heilung und sprach davon, wie der HERR durch seine Liebe heilt. Besonders betonte ich, wie wichtig es sei, von den Wundern, die der HERR in unserem Leben getan hat, Zeugnis zu geben. Ein Zuhörer stand auf und sagte: *„Ich bin Christ und glaube an Gott. Aber da ich Arzt bin, glaube ich, daß wir, bevor wir behaupten, geheilt worden zu sein, eine medizinische Untersuchung, die dies bestätigt, vornehmen müßten – so wie es in Lourdes geschieht."*
„Als Arzt haben Sie das Recht dazu", antwortete ich ihm. *„Wenn aber jemand geheilt wird, wie es bei mir der Fall war, kann man, um Gott zu danken, nicht darauf warten, was die Ärzte sagen werden."*
Er erwiderte, daß wir vorsichtig sein müßten, usw., und er verwendete Worte, die ich selbst nicht verstand. Seine Ausführungen waren wie Eis, das auf die Versammlung fiel, und ich wußte nicht, was ich ihm antworten sollte.
Während der Arzt uns alle in seiner Klugheit und Vorsicht mit Zweifeln überschüttete, spürte die Frau, die ich im Rollstuhl in den Saal geschoben hatte, daß sie von einer wundervollen Kraft durchströmt wurde. Sie erhob sich und begann, ohne Hilfe im engen Gang des Saales zu gehen.
Seit fünfeinhalb Jahren hatte sie, infolge eines Auto-Unfalls, keinen Schritt mehr getan. In einer heiklen Operation hatte man ihr die Kniescheiben herausoperiert.
Medizinisch gesehen konnte sie nicht mehr gehen. Aber der HERR ließ sie unter dem Applaus und der Bewunderung aller Anwesenden aufstehen. – Die einen weinten, die anderen beglückwünschten sie. Ihr Name war Hélène Lacroix.
Sie trat ans Mikrophon und gab uns ihr Zeugnis. Nachdem sie geendet hatte und während die Leute applaudierten, wandte ich mich an den Arzt und fragte ihn, ob er glaube, daß es besser sei, eine medizinische Untersuchung abzuwarten, oder ob wir nicht schon vorher Gott danken sollten? Er warf sich zu Boden, auf die Knie. Von allen Anwesenden war er am stärksten erschüttert. Er schämte sich, und es tat ihm sichtlich weh, daß er sich vor allen so lächerlich gemacht hatte. Ich wandte mich an ihn mit den Worten:

„Beunruhigen Sie sich nicht! Gott wollte heute ein großes Wunder tun. Er bediente sich Ihrer, um seine Herrlichkeit zu offenbaren, indem ER sagte:
‚Da Pater Emiliano dir keine Antwort geben kann, werde ich dir antworten!'“ Das war die erste körperliche Heilung während einer Evangelisation, die ich mit eigenen Augen gesehen habe.

Glauben der Erwartung

Der Glaube ist wie ein mächtiger Kanal, der es dem lebendigen Wasser des Heiles ermöglicht, unser Leben zu überschwemmen. Der Glaube läßt uns mit Gott selbst in Verbindung treten, um durch physische oder innere Heilung an seiner großen Retterliebe teilzunehmen.
Glauben heißt, Gott vertrauen, sich IHM ohne Bedingungen auszuliefern, das heißt seinen Plan für unser Leben anzunehmen und auf unsere eigenen Pläne zu verzichten; das heißt, der Glaube veranlaßt uns, unseren Blick auf JESUS, der für uns gestorben und auferstanden ist, zu richten. Diejenigen Menschen, die ihre Augen auf sich und nicht auf den HERRN ausgerichtet haben, denken mehr an ihre Heilung als an den, der sie heilt.
Wir müssen Glauben an Jesus haben und nicht Glauben an unseren Glauben. Der größte Glaubensakt ist, darauf zu vertrauen, daß Gott größer als unser kleiner Glaube ist und daß Gott nicht von uns abhängig ist.
Wir verstehen unter „Glaubenserwartung“ die Gewißheit und das Vertrauen, daß wir einen Gott haben, der nach seinen Verheißungen handelt; wir wissen nämlich, daß ER uns heilen will. Wenn wir solchen Glauben haben, dann ist es so, als ob wir anstelle von dünnen, enorm dicke Leitungskabel spannten, damit Gott mächtig wirken könne.
In der Regel gehe ich nicht darauf ein, für die Kranken zu beten, ohne vorher ihren Glauben durch einige Zeugnisse auferbaut zu haben. Sie sollen nämlich Erwartung und Vertrauen zum HERRN, der sie heilen will, bekommen.
Eines Tages feierte ich die heilige Eucharistie zusammen mit einem Bischof. Seine Predigt war ein Juwel. Er zeigte darin in brillanter

Weise den Wert des Kreuzes und des Leidens. Nach der Kommunion überraschte er mich, denn er bat mich, für die Kranken zu beten.
Ich entgegnete ihm ein wenig zurückhaltend:
„Monsignore, Ihre Predigt über das Kreuz war so schön, daß jetzt niemand mehr gesund werden will. – Wenn Sie mir aber erlauben, über die Macht des Kreuzes und über die Heilung als Zeichen der Liebe Gottes zu sprechen, ...“
„Jesus hat uns versprochen, daß wir, was wir glauben, schon erhalten zu haben, auch erhalten werden.“ (Mk 11, 24)
Im Evangelium lesen wir von zahlreichen Menschen, welche bitten und bekommen; welche suchen und finden; welche anklopfen und denen aufgetan wird. Gott fordert uns auf, in unserem Glauben einfach zu sein. Indessen gibt es Leute, die so beten:
„Herr, wenn es Dein Wille ist und wenn es meiner Heiligung und meinem ewigen Heil förderlich ist, dann heile mich.“
Gewisse Leute stellen so viele Bedingungen, als ob sie damit ihren Mangel an Glauben entschuldigen möchten. Wir sollten armen, bedürftigen Menschen, die vollkommen von ihrem Vater abhängig sind, ähnlich sein. Ein Kind sagt niemals zu seiner Mutter:
„Mutter, wenn es für mich gut ist und mein Cholesterinspiegel nicht überhöht wird, dann gib mir bitte ein Ei!“
Das Kind bittet einfach, und die Mutter weiß, was für das Kind gesund ist oder nicht. Wir müssen arm und demütig sein und darauf vertrauen, daß wir empfangen werden, worum wir bitten.
Andere beschränken die Macht Gottes und sprechen:
„Herr, ich habe ein krankes Herz, einen kranken Hals und ein krankes Knie; aber wenn Du mein Herz heilst, bin ich schon zufrieden.“
Auch diese Menschen beten falsch. – Man muß um das ganze „Paket“ bitten, ohne dem Wirken Gottes Schranken zu setzen. ER ist großzügig und gibt in Fülle. So wie er den Heiligen Geist ohne Maß besitzt und schenkt, ebenso gewährt ER seine Gaben ohne Maß.
Als Papst Leo XIII. das Fest seines fünfzigsten Episkopatsjahres feierte, wollte ihm ein Kardinal etwas Schmeichelhaftes sagen:
„Wir bitten Gott darum, Ihnen noch fünfzig ähnliche Jahre zu schenken.“
Der Papst jedoch entgegnete ihm schlagfertig:
„Setzen Sie der göttlichen Vorsehung keine Grenzen!“
Am 13. Juni 1975 nahm ich an einer festlichen Veranstaltung zu Eh-

ren des heiligen Antonius teil. Ich gab Zeugnis, predigte und verließ dann rasch die Sakristei, denn ich hatte noch einige Taufen und viele andere Sachen zu erledigen.
Kurz danach begegnete ich einem kleinen Mädchen, das ihre Mutter an der Hand hielt.
Mit großer Bestimmtheit wandte sich das Mädchen an mich:
„Pater, bitte beten Sie, daß meine Mutter wieder gesund wird!"
Ein wenig verärgert erwiderte ich:
„Aber ich habe doch soeben für alle Kranken gebetet."
Darauf sagte sie mit dem Glauben der syrophönizischen Frau aus dem Evangelium:
„Meine Mutter ist nämlich taub, und sie bemerkte nicht den Zeitpunkt, als Sie beteten."
Ich fühlte Mitleid mit diesen armen und so einfachen Menschen und bedeutete ihnen, sich schnell hinzusetzen. Mein ganzes Gebet war:
„HERR, heile sie; aber bitte schnell, denn ich habe viel zu tun!"
Anschließend neigte ich mich sofort zur Mutter und fragte sie:
„Seit wann sind Sie taub?"
– *„Seit acht Jahren."*
Ich war überrascht, sie sprechen zu hören, denn ich glaubte, sie könnte meine Frage nicht verstanden haben. Darauf sprach ich leiser, indem ich sagte:
„Sie scheinen eine gute Mutter zu sein."
Sie lächelte – sie hatte mich verstanden.
Aber vor allem war es der HERR, der mein so originelles Gebet erhört hatte. Die Frau hatte etwas wie den Hauch eines Windes, der in ihre Ohren eindrang und sie freimachte, verspürt.
Da konnte ich die Wahrheit der Worte unseres HERRN nachprüfen:
„Schon ehe sie rufen, gebe ich Antwort; während sie noch reden, erhöre ich sie." (Jes 65, 24)
Und ebenso die Überzeugung des Psalmisten, der versichert:
„Noch liegt mir das Wort nicht auf der Zunge – du, Herr, kennst es bereits." (Ps 139, 4)
Der Glaube und die Heilung sind eng miteinander verbunden, wie es in so schöner Weise Maria Theresa G. de Baez ausdrückte. Sie war von einer rheumatischen Arthritis geheilt worden, was dazu führte, daß sich ihre ganze Familie bekehrte:
„Ich finde keine Worte, denn heute muß ich Gott nicht nur für meine

körperliche Heilung danken, sondern auch für etwas noch Größeres und Wunderbareres, nämlich den Glauben, durch den Gott das Wort in meinen Liedern wurde, das Bild in meinen Träumen und das Licht meiner Augen.“

Die Buße

Die Buße begünstigt die physische und die innere Heilung. Die Krankheit als solche – nicht aber eine bestimmte Krankheit im besonderen – ist die Frucht der Sünde. Wenn wir über unsere Sünden Buße tun und uns zu Gott bekehren, werden notwendigerweise auch die Folgen der Sünde verschwinden (1 Kor 11, 30-31).

Ich gebe zu, daß es Menschen gibt, die in der Sünde leben und trotzdem vom HERRN geheilt wurden; aber ich bin ebenfalls Zeuge davon, daß die allermeisten von denen, die geheilt wurden, zur Buße gelangten. Der normale Weg ist indessen der, den wir im Evangelium finden.

Zuerst die Heilung von der Sünde: *„Deine Sünden sind dir vergeben“*, dann folgt die physische Heilung: *„Steh auf, nimm dein Bett und wandle.“ (Mk 2, 5-11)*

Eine junge Frau, Altagracia Rosario, 26 Jahre alt, war seit zwei Jahren taub; blind war sie seit mehreren Monaten, und hinzu kam noch eine Anämie, die sie in Ewartung des Todes an das Bett fesselte.

Ihre Mutter brachte sie zur fünften Versammlung in Pimentel im Jahr 1975. Infolge der großen Menschenmenge war kein Sitzplatz mehr frei, und so mußte sie das Mädchen auf den Boden legen. Die arme, taube und blinde Kranke litt sehr und wurde sich dessen gar nicht bewußt, was da vor sich ging.

Am nächsten Tag war sie vollständig geheilt; sie sah und hörte perfekt. Das Wunderbarste jedoch war nicht die Heilung ihrer Augen und Ohren, sondern der Einzug des HERRN in ihr Herz und die Befreiung von der Sünde, in der sie seit langem lebte. – Daraufhin wurde sie Katechetin und legte in ihrer Geburtsstadt, in San Francisco de Macoris, Zeugnis ab.

Nachdem sie ihr neues Leben, das ihr Jesus geschenkt hatte, einige Monate lang dankbar genossen hatte, wurde sie krank und bekam hohes Fieber. Am 18. November sagte sie fröhlich zu ihrer Mutter: *„Mama, ich habe in meinem Herzen die Stimme des HERRN gehört*

– ER sagte mir, daß er mich in zwei Tagen abholen würde, um mich zu sich zu nehmen.“
Die Mutter, ganz erschrocken, flehte sie an:
„Altagracia, rede doch nicht so! Es ist wohl das hohe Fieber, das dich im Delirium so reden und denken läßt, daß es die Stimme Gottes war. Sag das nicht nochmal, denn man wird sich über dich lustig machen!“
Sie jedoch erzählte es allen Katechetinnen, die sie besuchen kamen. Und tatsächlich, am 20. November starb sie, ganz glücklich und wie ein Vogel singend. Ihr Begräbnis war sehr schön, umrahmt von Liedern der Freude und Hoffnung.
Sie war völlig geheilt worden; es gab weder Trauer noch Tränen, sondern Glück und Freude, denn sie hatte endgültig DEN gefunden, den sie geliebt hatte. –
Eine Frau, Anette Giroux, 28 Jahre alt, litt an der Parkinsonschen Krankheit. Ihre Eltern brachten sie zu Pfingsten des Jahres 1979 zur Abschlußmeßfeier des Kongresses nach Montreal.
Während der heiligen Kommunion stieg ein Priester die Altarstufen hinauf und näherte sich ihr, um ihr das heilige Abendmahl zu bringen. Sie lehnte jedoch ab und sagte zu ihm:
„Nein, ich kann nicht kommunizieren, denn ich lebe in der Sünde.“
Sie lebte seit zwei Jahren im Konkubinat. In diesem Augenblick jedoch entschloß sie sich, ihre Lebensweise zu ändern. Sie tat Buße, beichtete, kommunizierte und nahm das Risiko des Glaubens auf sich.
Nach Hause zurückgekehrt, erklärte sie dem Mann, mit dem sie zusammenlebte:
„Betrachte mich von heute ab nicht mehr als deine Frau, falls du dich nicht mit mir in der Kirche trauen lassen willst. In drei Tagen kehre ich zu meinen Eltern zurück!“
Dann zog sie in ein getrenntes Zimmer. Zwei Tage später erwachte sie mit einer großen Hitze im ganzen Körper. Sie stand auf und stellte fest, daß ihre Krankheit verschwunden war; Gott hatte sie vollkommen geheilt. Geheilt an Seele und Leib, kehrte sie zu ihren Eltern zurück. Zwei Monate später wurde ihre Trauung in Anwesenheit der Gebetsgruppen, die ihr Zeugnis gehört hatten, gefeiert. Sie hatte zuerst Buße getan, dann war sie auch physisch geheilt worden.
In dem Fall, von dem wir jetzt berichten wollen, geschah genau das Gegenteil:
Marino hatte seit zehn Jahren keine Kirche mehr betreten. Er wurde

jedoch von seiner Alkoholsucht und sogar von einem Geschwür an dem Tag geheilt, an welchem Dona Sara, seine Mutter, Zeugnis von ihrer wunderbaren Heilung gab.
Ganz glücklich kehrte er nach Hause zurück. Später wollte er kommunizieren; aber infolge seiner ehelichen Situation konnte er es nicht; denn er hatte mit einer Frau, mit der er Kinder hatte, im Ehebruch gelebt. Da die Trennung nicht möglich war – und noch weniger die Wiedervereinigung mit seiner ersten Frau – lebte er, zumal er einen großen Hunger nach Gott hatte, während einiger Monate mit seiner Frau, wie Bruder und Schwester, in getrennten Schlafzimmern. – Er durfte zu Pfingsten kommunizieren, und der HERR füllte ihn mit kostbaren Gaben für die Evangelisation. Anschließend begleitete er mich zu zahlreichen Freizeitveranstaltungen im ganzen Land und sprach zu Ehepaaren, wobei er sie ermahnte, dem HERRN in ihrer Ehe treu zu bleiben.
Nachdem er einige Jahre auf diesem schwierigen Wege verbracht hatte, fand der Erzbischof, nach einer gründlichen Prüfung der ersten Ehe, einen ausreichenden Grund, um diese Ehe für nichtig zu erklären. So konnte er sich in der Kirche mit der Frau, mit der er zusammenlebte, trauen lassen. Der Erzbischof selbst feierte die Messe. Die Kirche war gesteckt voll mit Ehepaaren, denen er die eheliche Treue gepredigt hatte.
Das Entscheidende ist, daß uns der HERR vollständig heilen will – Geist, Seele und Leib. Manchmal hilft die physische Heilung zur Buße, manchmal die Buße zur physischen Heilung.

Die Vergebung

Oftmals war ich Zeuge, wie die Vergebung unseren Feinden gegenüber die göttliche Heilung nach sich zieht. Das Gebet, das der HERR uns lehrte, sagt es ganz klar:
„Vergib uns unsere Schuld, wie auch wir vergeben unseren Schuldigern ...“ (Mt 6, 12)
Auch andere Textstellen sprechen davon!
Andererseits sind die Wirksamkeit des Gebets und die Antwort, welche uns Jesus auf unsere Bitten verheißt, fast immer von der Vergebung abhängig. (Mt 18, 21 / Mk 11,25)

Zahlreiche Menschen glauben, daß verzeihen soviel wie verlieren heißt, und sie sind sich dessen nicht bewußt, daß vergeben immer gewinnen bedeutet; denn es befreit uns von Haß und unseren Ressentiments, unserem Groll. Dies macht uns Jesus ähnlich, der seine Feinde liebte und ihnen verzieh; dadurch öffnen wir uns der Vergebung und der Gnade Gottes. – Das folgende Zeugnis soll es beleuchten:

„Einst fühlte ich, daß der HERR von mir verlangte, ich solle einer Person, die mir Übles angetan hatte, verzeihen. Da ich nicht geneigt war, auf die Rache zu verzichten, leistete ich Widerstand und brachte folgende Entschuldigung vor:

"HERR, warum willst Du, daß ich für diese Person bete, da Du doch ohne Zweifel so gut bist, daß Du sie selbst dann segnen wirst, wenn ich Dich nicht darum bitte?"

Eine innere Stimme gab mir eine klare Antwort:

„Du Dummkopf, bist du dir nicht bewußt, daß der erste, der geheilt wird, wenn du für diese Person betest, du selbst sein wirst?"

Verzeihen bedeutet, das Leben, das Jesus uns brachte, in uns neu zu erwecken. Daher ist vergeben und um Vergebung bitten wie ein Blitz, der einen fruchtbaren Regen ankündigt. Das Zeugnis von Evaristo zeigt uns dies klar:

„Von meiner zarten Kindheit an zwangen mich ernste Probleme mit meinem Vater, das Haus zu verlassen. Ich glaubte, die Zeit würde alle bitteren Erinnerungen heilen. Aber nichts dergleichen geschah. Ich lebte ständig mit der Last meiner schmerzlichen Lebensgeschichte.

Gott schenkte mir die Gnade, die „Charismatische Erneuerungsbewegung" kennenzulernen; sie befreite mich von vielen Bindungen und gab meinem Glaubensleben einen starken Impuls. Indessen, etwas fehlte mir. Ich hatte nicht die spontane und natürliche Freude, die ich bei den anderen Geschwistern in der Erneuerungsbewegung sah. Ich fühlte mich verbittert und von allem angewidert.

So vergingen einige Jahre, bis im Februar 1977 mein Vater schwer erkrankte. Ich wußte, daß es für mich die letzte Möglichkeit war, mich mit ihm auszusöhnen, hatte aber weder den Willen noch den Mut dazu. Am 13. Februar, als er in Agonie lag, kämpfte ich mit mir selbst, denn ich fühlte, daß ich nicht die Kraft hatte, ihm zu verzeihen. Ich begab mich ins Gebet und sagte dem HERRN:

„Allein kann ich es nicht!"

Eine innere Stimme sprach zu mir ganz klar:
„Allein kannst du es nicht; aber in meinem Namen kannst du es. Alles ist möglich dem, der glaubt!“
Mit der Kraft des HERRN näherte ich mich dem Vater, umarmte ihn, indem ich ihm von ganzem Herzen vergab. Ich bat ihn auch, mit Tränen in den Augen, um Verzeihung.
Das Antlitz meines in Agonie befindlichen Vaters veränderte sich – oder war ich es, der es mit anderen Augen sah? Der HERR hatte mich nämlich verändert. Ich liebte meinen Vater nun mit dem Herzen Jesu Christi und umarmte ihn mit den Armen Jesu.
Von diesem Tag an begann ich, unserem Gott ein neues Lied zu singen, ein Loblied der Freude, das seither, in den vergangenen sieben Jahren, nicht mehr aufhörte. Der HERR hatte mich, dank der durch Vergebung bewirkten inneren Heilung, seine Herrlichkeit sehen lassen. Jetzt bin ich glücklich, und freudig verkünde ich, daß der HERR ein Wunder an mir getan hat. Und ich bezeuge es gern, daß ich alles in DEM vermag, der mir Kraft gibt.“
Ein weiteres sehr schönes Zeugnis ist das der Olga G. aus Cabrera in Guatemala:
„Zehn Jahre lang hatte ich starke Schmerzen in den Beinen und Armen, die deformiert waren, gelitten. Fünfzehn Ärzte hatte ich wegen meiner Beschwerden aufgesucht, und einer von ihnen sagte mir, daß man das linke Bein amputieren müßte.
Am 1. Mai 1976 war ich vollkommen am Ende – arbeitsunfähig! Ich sollte den Rest meines Lebens im Bett oder in meinem Rollstuhl, den ich so haßte, verbringen.
Da ich wußte, daß im Turnsaal eine Meßfeier für die Kranken geplant war, beschloß ich, mich in meinem Rollstuhl hinzubegeben. Man schob mich nach vorne. Als der Kardinal Casariego hereinkam, blieb er bei mir stehen, nahm meine Hände in die seinen und sagte zu mir: *„Der HERR liebt Dich, heute wird er Dich heilen.“*
Als das Gebet für innere Heilung begann, weinte ich sehr und verzieh von ganzem Herzen denen, die mir soviel Übles angetan hatten. Dann, als Pater Tardif für die körperliche Heilung betete, fühlte ich, wie mich irgend etwas drängte, sanft anstieß und sagte:
„Steh auf und gehe!“
Ich spürte eine starke Hitze und dann einen Schauer. – Mit Tränen in den Augen erhob ich mich und begann im Angesicht des Altars zu gehen.

Der HERR ist so wunderbar, daß er mich körperlich, geistig und seelisch heilte. Möge Sein Name gelobt und gepriesen sein in Ewigkeit! – Ruhm und Dank sei Dir, o HERR, Du KÖNIG des Universums!“

Gebet in der Gemeinschaft – Gemeinsames Gebet

Jesus verhieß uns:
„Alles, was zwei von euch auf Erden gemeinsam erbitten, werden sie von meinem himmlischen Vater erhalten. Denn wo zwei oder drei in meinem Namen versammelt sind, da bin ich mitten unter ihnen.“ (Mt 18, 19)
Gott verlieh dem gemeinsamen Gebet eine besondere Kraft. Während meines Dienstes machte ich darüber reiche Erfahrungen. Deshalb beten wir so gerne in Gemeinschaft zusammen. Dabei werden die Geistesgaben vielfältiger; denn einer kann eine Vision bekommen, ein anderer eine Botschaft, wieder ein anderer ein Wort der Erkenntnis; wir alle aber beten in neuen Zungen.
Es ist nicht nötig, darauf hinzuweisen, daß die Feier der heiligen Eucharistie den Höhepunkt des gemeinschaftlichen Zusammenseins bedeutet. In diesem Augenblick vervielfachen sich die Heilungen.
Leider gibt es Leute, die schlechte Gewohnheiten haben; sie möchten, daß man nach dem gemeinsamen Gebet noch für sie persönlich betet. Ich lehne dies in der Regel ab, denn das würde ja bedeuten, daß das soeben gesprochene Gebet keinen Wert hat.
Indem ich die Erfahrungen meines Dienstes zusammenfasse, kann ich sagen, daß ein enormer Unterschied zwischen dem gemeinsamen und dem persönlichen Gebet für die einzelnen Kranken besteht. In jeder der Freizeitveranstaltungen, in denen ich predigte, gab es – dies ist ganz gewiß – körperliche und seelische Heilungen; wenn ich jedoch individuell um Heilung bete, sehe ich nicht denselben Erfolg. Wenn es sich um innere Heilung handelt, erkenne ich mehr Erfolg, wenn man speziell um Heilung für eine bestimmte Person betet; vorausgesetzt, daß die Gemeinde gemeinsam im Gebet für diese Person eintritt. Denn der HERR lenkt oftmals das Gebet der Gemeinde, indem ER dem einen oder dem anderen Mitglied der Gebetsgruppe ein Wort der Erkenntnis oder ein besonderes Wissen bezüglich des Problems, das uns Not macht, gibt.

Alles in allem glaube ich, daß nur wenige Menschen die Gabe der Heilung besitzen, daß jedoch viele Gemeinden über dieses Charisma verfügen.
Aus einer benachbarten Gegend kamen 15 Personen zu einer der Gebetsversammlungen in Pimentel. Sie kamen singend, Gott lobend und den Rosenkranz betend, an. Es war wie eine Wallfahrt, mit Gebet während des ganzen Weges. Als sie nach Hause kamen, erzählten sie untereinander, was der HERR an ihnen getan hatte. Dabei bemerkten sie, daß jeder von ihnen von irgendeinem Problem geheilt worden war. Daraufhin gaben alle gemeinsam ihr Zeugnis.
Mit Ungeduld erwartete ich den Tag, an dem man, wie im Evangelium, wird sagen können: *„Alle werden geheilt!“*

Gebet des Kranken

Es ist notwendig, daß der Kranke betet. Allzu einfach wäre es, die anderen um Gebet zu bitten, ohne sich selbst anzustrengen. So ähnlich würde ein Mensch handeln, der seine schmutzige Wäsche woanders waschen läßt, ohne sich selbst darum zu kümmern. Solche Menschen suchen – ohne sich selbst zu bemühen – rasche und bequeme Besserung. In die Tiefe gehende Heilung findet nur in dem Maße statt, in dem wir in ständiger Verbindung mit dem uns reinigenden und heiligenden Gott stehen. Welche Wunder erleben wir bei Menschen, die beten! – Wenn wir an die Macht des Gebets glaubten, wären wir williger dazu und würden es jeder anderen Tätigkeit vorziehen.
Viele Menschen behaupten, daß man mit dem Beten nur seine Zeit vertue, denn es bewirke nichts. Aber sie geben sich darüber keine Rechenschaft, daß das Wichtigste nicht das ist, was wir tun, sondern was Gott während des Gebets in uns tut.
Eine Frau, aus unserem Land gebürtig, bestürmte mich ständig, zu jeder nur möglichen Zeit und an jedem nur möglichen Ort, daß ich für sie bete. Wenn ich ihr auf der Straße begegnete, wich ich ihr aus, so sehr bedrängte sie mich. Eines Tages kam jemand aus den USA, um bei einer Freizeitveranstaltung zu predigen. Am Ende der Predigt näherte sich ihm – wie es ihre Gewohnheit war – diese Frau und bat ihn, für sie zu beten. Daraufhin versetzte sich der Prediger in

die Gegenwart Gottes und hörte eine innere Stimme, die zu ihm sprach:
„Bete nicht für sie, sage ihr, daß sie selbst beten soll; denn sie belästigt unaufhörlich meine Diener!"
Dieser Fall ist ganz verschieden von dem, der sich im Kongo ereignete:
Bei einer abschließenden Meßfeier in Brazzaville wirkte der HERR zahlreiche wunderbare Heilungen. Bei Sonnenuntergang gingen die Leute so glücklich nachhause, als wären sie, nachdem sie die Herrlichkeit Gottes gesehen, vom „Berg der Verklärung" heruntergestiegen.
Als alle, den HERRN lobend und preisend, das Stadion verlassen hatten, schloß der Wärter die Tore und löschte das Licht aus. Auf den Stufen war jedoch noch eine Frau mit ihrem kleinen, zehnjährigen Sohn, der zwischen seinen Krücken saß, zurückgeblieben.
Nachdem der Wärter sie entdeckt hatte, sprach er zu der Frau:
„Madame, gehen Sie fort, alles ist vorbei, und ich möchte die Tore schließen."
Die Frau aber flehte ihn an:
„Bitte, lassen Sie uns noch hier! Mein Sohn ist noch nicht geheilt; ich möchte noch weiter für ihn beten."
Dieser Anblick war so rührend, daß ihr der Wärter erlaubte, noch etwas länger dazubleiben. Sie verblieb noch zwei weitere Stunden im Gebet. Um 20.15 Uhr stand der Bub von selbst auf und begann ohne Krücken im Mondlicht zu gehen. Das Mondlicht mit seinem silbernen Glanz verzauberte die Szene und machte sie noch schöner und zarter. Hier war Ausdauer im Gebet der Schlüssel, worüber wir auch im WORT Gottes lesen. (Lk 11, 5-8)

Fürbitte Mariens

Beim Dienst der Heilung sollen wir nicht die fürbittende Macht Mariens vergessen. Wir wissen, daß sie niemanden heilt; sie kann aber für uns bitten, damit wir – ähnlich wie zu Kana – den Wein bekommen, der in unserem Leben fehlt. Das folgende Erlebnis wurde persönlich von einem Mitglied unserer Gebetsgruppe berichtet:
Eines Tages suchte ich einen Gynäkologen auf, denn ich hatte gewis-

se Schwierigkeiten. Er erklärte mir, daß er mich operieren müßte; da ich jedoch unentschlossen war, sagte er:
„Deine Krankheit ist progressiv; sie schreitet fort. Ich weiß, daß du einen starken Glauben hast, und werde dir also ein Jahr Zeit geben, damit du zum HERRN beten und ihn bitten kannst, dich zu heilen – so wie er es, nach deinen Worten, tut. Wenn du bis dahin nicht gesund wirst, wird man operieren müssen."
Ich nahm die Herausforderung an; denn ich weiß, daß der HERR Wunder tut. Einige Zeit später lud Pater Emiliano Tardif meinen Mann und mich ein, eine Freizeitveranstaltung in Chikago zu organisieren. Obwohl ich mich sehr unwohl fühlte, sagte ich nichts, denn ich war mir gewiß, daß mir die Kraft Gottes helfen würde, sein WORT zu verbreiten.
In Chikago verschlechterte sich mein Zustand. Mein Mann und Pater Tardif beteten für mich; aber die Blutung ließ nicht nach. Daraufhin brachten sie mich zu einem berühmten Chirurgen der Stadt, der die Notwendigkeit einer Operation bestätigte. Da ich aber so weit von zuhause entfernt war, konnte man sie nicht durchführen; daher verschrieb mir der Arzt einige Medikamente, die ich jedoch – Gott sei Dank – nicht einnahm. Nach den Worten des Arztes, den ich später aufsuchte, wären sie mir schlecht bekommen.
Wir setzten unsere Evangelisationstour bis nach Canada fort, wobei sich mein Zustand immer mehr verschlimmerte. Ich suchte daher einen anderen Arzt auf, der sich nicht erklären konnte, wie ich, obwohl ich so schwach war, so zufrieden sein konnte. Er wollte mich ins Krankenhaus einweisen; ich aber hatte Glauben an Gott, den HERRN, und wir nahmen an der Veranstaltung, die an diesem Tag begann, teil.
Bis zum Abschluß des Kongresses hatte sich die Blutung verschlimmert. Daraufhin gingen wir zum Sanktuarium von Notre-Dame-du-Cap, und während mein Mann und Pater Tardif für mich beteten, sagte ich zur heiligen Jungfrau Maria:
„Allerheiligste Mutter, ich liebe Dich und überlasse mich Deiner mütterlichen Fürsorge. – Ich schäme mich vor Deinem Sohn Jesus. Es fehlt mir der Glaube, um ihm zu danken, obwohl er schon im Begriff ist, mich zu heilen. Bitte Du ihn, daß der Glauben an meine Heilung wachse."
Ich legte meine Probleme vollständig in die Hände Mariens, auf daß sie im Angesicht Jesu meine Probleme auf sich nehme. Nach der

Rückkehr von St. Dominique fragte mich Pater Tardif, ob ich das Medikament, das mir der canadische Arzt verschrieben hatte, nehme. Ich antwortete ihm, daß ich es vergessen hätte; aber ich danke Gott dafür, denn so würde sich sein Ruhm klarer offenbaren. Da ich mich ausgezeichnet fühlte, suchte ich meinen Gynäkologen erst sechs Monate später auf. Er empfing mich etwas aggressiv:

‚Wenn du glaubst, daß du beim Predigen gesund wirst . . .; predigen heilt doch nicht – da täuschst du dich!'

Ich aber war ganz beruhigt; denn ich wußte, daß der HERR in meinem Leben schon Wunder getan hatte. Dann untersuchte er mich und stellte ganz überrascht fest:

‚Yolanda, es ist wahr, der HERR heilt! Dein Zustand ist ausgezeichnet. Der HERR hat die Operation durchgeführt, die ich hätte machen sollen. Wie lieb hat ER dich doch!'

‚Doktor, ER liebt auch dich', erwiderte ich. ‚ER will auch in deinem Herzen eine Operation durchführen, um dich zu heilen und aus dir einen neuen Menschen zu machen, damit du laut verkünden kannst, daß Jesus lebt und daß ER heilt – zur Verherrlichung des VATERS!'«

So wie die Frau, die den Blutfluß hatte, geheilt wurde, indem sie den Mantel Jesus berührte, so näherte sich Yolanda dem Kleid Jesu, welches Maria heißt, berührte es und wurde gesund. Jesus hat sich mit dem Kleid Mariens bekleidet. Sie ist gleichsam der Mantel, durch den alle jene geheilt werden, die ihn im Glauben berühren (Mk 6,56). – Sie, Maria, hat das größte Charisma der Heilung.

Hauptsächlich beim Gebet um Befreiung stellten wir fest, wie machtvoll das Gebet Mariens ist, wenn sie Jesus bittet, daß er die Ketten zerbreche, welche die Belasteten infolge von Sünde, Anfechtung oder Umsessenheit durch den „Feind" versklaven. In mehreren Fällen sahen wir, wie das Rosenkranzgebet sehr wirksam war.

Yolanda berichtet ein weiteres Zeugnis:

„Eines Tages brachte man einen Mann zu uns, der belastet war; er hatte sonderbare Laute von sich gegeben und war dann taubstumm geworden. Außerdem hatte er seit acht Tagen nichts mehr gegessen. Im Hinblick auf die Schwierigkeit des Falles erklärte ich ihm, daß mein Mann nicht im Hause sei, er solle ein anderes Mal wiederkommen. Auf diese Weise drückte ich mich vor einem schwierigen Gebet, zu dem ich mich unfähig fühlte.

Aber gerade in diesem Augenblick hörte ich eine innere Stimme, die zu mir sprach:
,Yolanda, bist du es, die heilt oder ich?'
Da bat ich den HERRN um Verzeihung und gab zu, daß ER allein heile. Also begann ich zu beten. Der Mann kniete nieder, und als ich ihm die Hände auflegte, fing er an zu schreien und packte meine beiden Hände mit großer Gewalt. Ich erschrak zutiefst und wußte weder, was ich tun, noch, was ich sagen sollte. Das „Ave Maria" war das einzige, das aus meinem Herzen aufstieg. Sobald ich damit begann, verlor der Mann seine Kraft, und als ich bei der Stelle „Du bist gebenedeit unter den Frauen" anlangte, betete er mit mir. Zum Schluß war er eingehüllt in den Frieden Gottes und sagte ganz einfach:
,Gebt mir zu essen!'"
Daß Maria, die Mutter Gottes, kraft ihrer Liebe, sehr erfolgreich bei Jesus für uns Fürbitte leisten kann, haben wir mehr durch die Erfahrung als durch die Theologie festgestellt.

Übergabe

Wir bitten, aber wir können die Hand Gottes nicht zwingen. Sein Plan mit uns kann viel schöner sein als unserer. Er kann uns gesund machen oder uns völlige Heilung schenken – die endgültige, definitive Begegnung mit IHM im ewigen Leben; dort, wo es weder Tränen noch Trauer, noch Tod gibt.
Deshalb sollten wir im tiefsten Grund unseres Herzens den Wunsch haben, uns vertrauensvoll in die Hände des Vaters zu legen. Diese Auslieferung ist schon an und für sich eine unsagbare Gnade. – Wer sich Gott ausliefert, findet tiefen Frieden; einen Frieden, den die Welt nicht geben kann. Ich empfehle gern und häufig das Gebet des Paters Charles de Foucauld:

„Mein Vater,
ich überlasse mich DIR,
mach aus mir, was DIR gefällt.

Was auch immer DU aus mir machst,
ich danke Dir dafür!
Ich bin zu allem bereit
und nehme alles an.

Möge nur DEIN Wille in mir geschehen,
ebenso wie in allen Kreaturen;
nichts anderes wünsche ich, mein Gott.

Ich lege meine Seele zurück in Deine Hände,
ich gebe sie DIR, mein Gott,
mit der ganzen Liebe meines Herzens,
weil ich DICH liebe
und weil es ein Bedürnis meiner Liebe ist,
mich zu verschenken,
mich ohne Vorbehalt in DEINE Hände zu legen
mit unendlichem Vertrauen –
denn DU bist mein VATER.

Mit dieser von Lob begleiteten Übergabe erlangt man physische und innere Heilungen, die weit über unser Vorstellungsvermögen hinausgehen. Den HERRN loben – immer und überall!
Es gibt Tausende von Menschen, welche die Macht des Lobpreises in ihrem Leben bezeugen. Was man durch Bitten nicht erhält, das kann man sehr oft durch Lobpreis erlangen.
Zahlreiche Personen, die um ihre Heilung beteten und flehten, empfingen sie erst, als sie sich bedingungslos in die Hände des erbarmungsreichen Vaters auslieferten.
Davon ein Beispiel:
Seit vier Jahren litt ich an einem Geschwür. Ende des Monats Juni 1981 mußte ich in aller Dringlichkeit ins Krankenhaus, denn es war zu einem Durchbruch mit einer starken Blutung gekommen. Drei Tage später verließ ich das Krankenhaus. Ein Gastroenterologe gab mir Medikamente und verordnete mir eine Diät sowie einen festen Stundenplan für meine Mahlzeiten. Die Medikamente nahm ich ein; da ich aber viel reisen mußte, um das WORT Gottes zu predigen, konnte ich die Diät nicht einhalten.
Deshalb trat nach einem Jahr dasselbe Problem erneut auf. Ich begab mich ins Krankenhaus, wo man am 26. Mai 1982 eine Endoskopie

durchführte. Dabei entdeckte man vier Magengeschwüre, ein Zwölffingerdarm-Geschwür, eine Gastritis und einen Leistenbruch. Der Arzt erklärte mir, daß eine Operation nötig sei und daß ich mir eine Woche für den chirurgischen Eingriff freihalten sollte; denn er möchte lieber in Ruhe als in höchster Dringlichkeitsstufe operieren. Ich verließ daraufhin das Krankenhaus; um Mitternacht setzte die Blutung jedoch wieder ein. Ich machte mir Sorgen, da ich fürchtete, ich müßte wieder ins Krankenhaus zur Operation. Mein Problem lag indessen tiefer – es war ein Glaubensproblem. Ich war ein wenig traurig und fast ein wenig über den HERRN enttäuscht.

Ich gebe zu, daß ich mich von IHM ein wenig verlassen fühlte. Anstatt zu beten, begann ich zu protestieren:

‚HERR, wirklich, ich verstehe DICH nicht! Du weißt doch, daß ich infolge meiner Reisen in verschiedene Städte und Länder, wo ich Dein WORT predige, die passende Diät nicht einhalten kann. Du weißt auch, daß man bei Freizeitveranstaltungen und anderen Gottesdiensten nicht immer die Zeit hat, zur selben Stunde zu essen. Du weißt, daß ich nicht alles einhalten kann, was der Arzt verlangt, und Du, der DU mich heilen kannst, damit ich Dein WORT predige – schau bloß, wie DU mich behandelst . . .!'

Daraufhin hörte ich klar die Stimme des HERRN, der zu mir sprach:

‚Warum fürchtest du die Nacht, die dich einem neuen Tag entgegenführt?'

Dieses Wort war Geist und Leben für mich. Ich glaubte dem HERRN und lieferte mich bedingungslos – einschließlich meines Todes – dem Plan aus, den ER für mein Leben hat. Meine Heilung hatte für mich keine Bedeutung mehr – nur SEIN Wille über mich zählte noch.

Möge kommen, was wolle; ich bin in SEINEN Händen und hänge allein von IHM ab. Ich unterschrieb und gab IHM einen Blanko-Scheck, daß ER mit mir nach SEINEM Wohlgefallen tue. Besser, viel besser als meine Wege sind SEINE Wege!

Es war Nacht; aber ich wußte mit der Gewißheit des Glaubens, daß die Morgendämmerung, welche die neue Schöpfung ankündigt, mich erwartet. Darauf legte ich mich wieder nieder und schlief in vollkommener Ruhe und in Frieden ein. In diesem Augenblick wußte ich, daß ich etwas Entscheidendes für mein Leben getan hatte.

Einige Wochen später fühlte ich mich so wohl, daß ich die Medizin absetzte und mich um die Diät nicht mehr kümmerte.
Sechs Monate später fuhr ich nach Houston, um in einem Freizeitgottesdienst zu predigen. – Ich wußte , daß der Herr von mir einen Akt des Glaubens verlangte, nämlich, ohne einen einzigen Pfennig zu reisen, völlig nur IHM ausgeliefert. Ich leistete Widerstand, denn ich wollte, so nebenbei, die Gelegenheit benutzen, eine gründliche Untersuchung meines Magens vornehmen zu lassen. Der HERR war jedoch stärker als ich, und so überließ ich mich ganz SEINEN Verheißungen.
Auf unglaubliche Weise sorgte ER für all die Kosten meines Aufenthaltes und der Untersuchungen in der Klinik der Gastroenterologie.
Schließlich sagte mir der Arzt:
„Sie brauchen keine Operation mehr. Die Geschwüre sind vernarbt.“
Glücklich kehrte ich nach Mexiko zurück, indem ich wieder einmal feststellte, daß demjenigen, der sich dem VATER der LIEBE ausliefert, nichts fehlt. Seither sind drei Jahre vergangen, und ich fühle mich seit meiner Übergabe vollkommen gesund. Ich brauche keine Medikamente mehr, und keine Mahlzeit verursacht mir Probleme.“

Sprachengebet

Das Sprachengebet ist wunderbar. –
„So nimmt sich auch der Geist unserer Schwachheit an. Denn wir wissen nicht, worum wir in rechter Weise beten sollen; der Geist selber tritt jedoch für uns ein mit Seufzen, das wir nicht in Worte fassen können.“ (Röm 8, 26)
Es ist hier nicht die Zeit und der Ort, um das Sprachengebet zu rechtfertigen. In der Kirche von heute ist es eine Realität. Ich möchte nur von meiner Erfahrung sprechen:
Ich habe viel mehr Heilungen gesehen, wenn ich in „Sprachen“ betete, als beim normalen Gebet.
Eines Tages lud man mich zu einer Fernsehsendung nach Bogotá, in Kolumbien, ein und bat mich, für die Kranken zu beten. Eigenartigerweise dauerte die Sendung nur eine Minute, deshalb hieß sie „Die Minute Gottes“. Das schien mir viel zu wenig, und ich erhob Einspruch, indem ich sagte:

„Ihr veranschlagt in euerer Sendung für die Bier-Reklame drei Minuten, dem HERRN jedoch gebt ihr nur eine Minute!"

Ich begann die Sendung unter solchem Zeitdruck, daß ich in großer Eile betete. Nachdem ich geendet hatte, öffnete ich die Augen und schaute auf meine Uhr; es blieben mir noch 30 Sekunden. Mein Problem bestand nun darin, was ich mit dieser „enorm langen" Zeit anfangen sollte. So betete ich angesichts der Fernsehkameras in „Sprachen".

Pater Diego Jaramillo, ein bekannter charismatischer Prediger, bestätigte danach, daß bei dieser Gelegenheit zahlreiche Personen geheilt wurden.

Das Sprachengebet macht den Weg frei für die charismatische Unterscheidung und für mehr „Worte der Erkenntnis".

Wenn wir für den HERRN am besten verfügbar sind, bedient ER sich unser; denn beim Sprachengebet sind wir IHM völlig ausgeliefert.

Beim zweiten charismatischen Treffen in Montreal bat man mich, für die Kranken zu beten. 50 000 Menschen waren bei der Eucharistiefeier, die vom Fernsehen übertragen wurde, anwesend. Ich betete viel in „Sprachen"; dabei kamen mir „Worte der Erkenntnis", die ich sogleich weitergab, in den Geist. Eines darunter lautete:

„Eine gute Mama sitzt zuhause vor ihrem Fernseher. Ihre Augen sind krank, und sie kann nicht sehen. In diesem Augenblick berührt sie der HERR, und sie empfängt die Heilung."

Am Ende der Messe trat ein Priester, der mir zugetan war, auf mich zu und hielt mir, ziemlich aufgeregt, vor: *„Bist du denn verrückt geworden? Wie kannst du vor 50 000 Menschen sagen, daß eine blinde Frau vor ihrem Fernsehapparat sitzt?"*

Sein Einwand war so logisch, daß ich keine Antwort darauf wußte. Am nächsten Tag jedoch besuchte ich meine Familie, die 200 km von Montreal entfernt wohnt. Als ich ankam, sprach mich jemand an:

„Pater Tardif, hier in der Nähe wohnt die Frau, deren Augen vor dem Fernseher geheilt wurden."

Ich war so erfreut, daß ich sie besuchte. Ihr Name – Josepha Edmond-Poulin, 74 Jahre alt; sie litt an einer Netzhauterkrankung. Nach einer Spezialbehandlung erklärten die Ärzte, daß die Krankheit fortschreitend und unheilbar sei. Eine Freundin machte ihr den Vorschlag, sich während der Heilungsmesse, anläßlich des „Charismatischen Kongresses" in Montreal, vor den Fernsehapparat zu set-

zen. Als ich das „Wort der Erkenntnis“ aussprach, fühlte sie eine starke Wärme in den Augen.
Ich fragte sie, ob sie lesen könne. Sie verneinte es. Dann fügte ich hinzu:
„Der HERR macht keine halben Sachen.
Ich will beten, daß Sie im WORT GOTTES lesen können.“
Drei Tage später rief sie mich an, um mir eine gute Nachricht mitzuteilen: sie könne jetzt in der Bibel lesen.
Die Gabe der Sprachen hatte mich darauf vorbereitet, auf Wunsch des HERRN, mitzuteilen, was er im Begriff war, zu tun.

Los von Satan!

Wenn man unter dem Einfluß der Mächte der Finsternis steht, blokkiert man das Heilswirken Gottes. Deshalb muß man ausdrücklich auf jeden Okkultismus und jede Esoterik verzichten; ebenso auf Magie, Horoskop und andere Arten von Wahrsagerei und Aberglauben.
Man kann nicht zwei Herren dienen und nicht gleichzeitig beiden angehören. Man ist entweder mit Christus oder gegen IHN. Mit IHM sammelt man, gegen IHN zerstreut man.
Dies ist der Punkt, den ich für wesentlich erachte, denn auch durch die Macht der Finsternis erlangt man Heilungen. Um Konfusion zu vermeiden, ist es absolut notwendig, auf jeden Kontakt mit der okkulten Wissenschaft zu verzichten; ebenso auf Amulette, Spiritismus und Zauberei – kurzum auf alles, was in anmaßender Weise versucht, die Rolle Gottes an sich zu reißen.

8. Fünf Briefe

In diesem Kapitel will ich einige Abschnitte aus meinen letzten Rundbriefen, die ich an meine Familie und meine Freunde sandte, wiedergeben. Die folgenden Seiten werden eine Übersicht über unsere Evangelisationsarbeit im Laufe der letzten Jahre geben.

Sanchez, 30.12.1980

Liebe Eltern und Freunde!
Ich möchte Euch von einigen Episoden meiner Reisen nach Afrika, Kamerun und Senegal berichten.
Am 4. Dezember reiste ich von Santo Domingo ab. Nach 18 Stunden Flug kam ich, sehr ermüdet, um sieben Uhr abends in Kamerun an. Das einzige, was ich mir wünschte, war, mich in einem Bett ausruhen zu können. Auf dem Flugplatz erwartete mich jedoch eine „angenehme Überraschung". Als ich meinen Reisepaß vorlegte, erklärte man mir, daß das Visum fehle. Ich erwiderte, daß man mir in Santo Domingo versichert hätte, daß ein Kanadier für die Einreise nach Kamerun keines benötige. Ich bestand darauf, aber meine Argumente zählten nicht; denn das Gesetz war erst jüngst geändert worden. Man erklärte mir ganz einfach:
„Sie dürfen heute den Flugplatz nicht verlassen. Sie müssen die Nacht hier verbringen, und morgen müssen Sie in die Schweiz zurückkehren, um dort ein Visum zu beantragen; und dann können Sie wiederkommen."
Aber in die Schweiz zu fliegen – das wären ja sieben Flugstunden! – Ein französisches Ehepaar befand sich in derselben Situation. Sie waren ruhig und sicher, daß sie die Einreise genehmigt bekämen; denn sie hatten, wie sie mir erklärten, die Angelegenheit der Kompetenz der französischen Botschaft übergeben. Ich betete zum HERRN und sagte ihm:
„Ich habe niemanden, mit dem ich Kontakt aufnehmen kann – nur DICH! Aber DU hast ja diese Freizeitveranstaltungen geplant. DU wirst mir die Türen öffnen. Aber wenn DU es nicht tust, dann brauche ich auch keine Einreise. Ich lege alles in Deine Hände."
Ich betete einen Moment lang in „Sprachen". – Man postierte dann

großen und starken Polizisten neben mich, als ob ich irgendwohin entwischen könnte. Ich dachte: „*Wenn ich schon Kamerun nicht evangelisieren kann, dann werde ich wenigstens diesen mohammedanischen Polizisten zu bekehren versuchen.*" Und ich begann, von Jesus und seinen Wundern zu sprechen.

Nach Mitternacht war der Polizist schläfriger als ich. Da kam ein Telefonanruf mit der Anordnung, mich in das Land einreisen zu lassen. Ein Glaubensbruder aus La Salle hatte alles in Bewegung gesetzt, um für mich ein Visum für 14 Tage Aufenthalt zu erhalten. Die Franzosen waren noch immer da, mit traurigen Gesichtern und übermüdet; denn sie hatten nicht geschlafen. Sie durften nicht einreisen und mußten nach Paris zurückkehren. Ich nutzte die Gelegenheit, um ihnen zu sagen:

„*Ich habe meine Sache nicht in die Hände von Menschen, sondern in Gottes Hand gelegt, und ich darf einreisen. Unser Gott ist stärker als die französische Botschaft.*" Die erste Erfahrung während der Evangelisation in Afrika war sehr schön. Ich glaubte, in der Dominikanischen Republik zu sein. Die Gesichter der einfachen Leute waren fröhlich, und ihr Wesen war sympathisch und offen. Es war dasselbe Klima, dieselbe Landschaft und derselbe Gott mit seinen Wundern.

Samstag abend feierten wir die heilige Messe für die Kranken, und Gott ließ wiederum Zeichen und Wunder – wie im Jahr 1975 in Pimentel – geschehen. Wir sahen viele überraschende Heilungen.

Unter anderem die Heilung eines kleinen, fünf Jahre alten Mädchens, das nicht gehen konnte. Dank der Hilfe Gottes konnte sie es von diesem Augenblick an wieder. Am nächsten Tag lud ich während der Messe in der Kathedrale die Mutter dieses Mädchens ein, sie möge doch vor der versammelten Menge Zeugnis geben. Anschließend forderten wir das Kind auf, vor all diesen Menschen, angesichts des Altars, zu laufen. Das Kind tat es, während die Besucher vor Freude weinten und Gott lobten und priesen. Es gab gewaltigen Applaus in der Kathedrale. Ja, JESUS lebt auch in Afrika!

Die größte Gnade, die ich während dieses Einsatzes erlebte, war der Segen, den ein Missionar empfing, der sich entschlossen hatte, seine Missionstätigkeit aufzugeben, um zu heiraten. Einige Freunde luden ihn, vor seiner endgültigen Entscheidung, zu unserem Gottesdienst ein. Er sagte zu, und der HERR rührte ihn an und holte ihn zurück. Er übergab dem HERRN von neuem sein Herz und bekräftigte seinen Entschluß, IHM in seinem Priesteramt weiter zu dienen.

Die Veranstaltung endete mit einer Messe im Freien, an der mehr als 3 000 Menschen teilnahmen. 38 Priester feierten gemeinsam die heilige Eucharistie, und der HERR begleitete wiederum die Verkündigung seines WORTES mit Zeichen und Wundern. Mittels eines „Wortes der Erkenntnis" sprach der HERR zu mir:
„Es ist hier ein 16 Jahre alter Bursche anwesend, der am linken Ohr taub ist; er wird jetzt geheilt."
Nach Abschluß der Meßfeier kam ein junger Mann nach vorne zum Altar und bestätigte, daß er 16 Jahre alt sei und taub war. Der HERR hätte ihn soeben geheilt. Alle Anwesenden lobten und dankten Gott. Am nächsten Tag setzten sich die Wunder in einer Kirche in Yaounde fort. Ein Bankangestellter, der seit 13 Jahren kurzsichtig war, wurde vom HERRN geheilt. Danach bezeugte er allen seinen Arbeitskollegen das Wunder. Da ihn alle mit seiner starken Brille, die er nun nicht mehr aufsetzte, kannten, glaubten sie ihm und kamen an diesem Tag gemeinsam zur Meßfeier. Wir mußten den Altar ins Freie stellen, denn die Besucher fanden in der Kirche nicht genügend Platz. Während der Abendmahlsfeier wurde einem kleinen Mädchen der gelähmte Arm geheilt. Ein Polizist wurde in die Ruhe des Heiligen Geistes versetzt, und dabei wurde seine Wirbelsäule von Gott geheilt. Die Oberin einer afrikanischen religiösen Gemeinschaft wurde ebenfalls durch den Heiligen Geist berührt und von einem Geschwür geheilt. Die Heilungen waren so zahlreich, daß es unmöglich wäre, sie alle aufzuzählen.
In wenigen Tagen sahen wir alle Zeichen, die Jesus als Messias ausweisen:
„Die Blinden sehen, die Lahmen gehen, die Tauben hören, und den Armen wird das Evangelium verkündet."
Danach reiste ich nach Senegal weiter, wo Dutzende Heilungen die Leute daran erinnerten, daß JESUS auch heute lebt und wirkt. Ein Missionar vom „Heiligsten Herzen" erklärte, als er so große Wunder und die dadurch hervorgerufene Begeisterung der Menschen sah:
„Genau das ist es, was wir hier gebraucht haben! Ich wußte, das der HERR auf diese Weise zu uns kommen würde; denn wenn die Mohammedaner sehen, daß Jesus Wunder tut, glauben sie, daß er lebt und mehr als ein einfacher Prophet ist!"
Und er wiederholte angesichts der Heilungen immer wieder, daß sie den Glauben der Leute anregen und wachsen lassen. Aber in wel-

chem Land, weltweit gesehen, sind diese Wunder nicht notwendig? Ich kenne keines.
Der Praefekt von Sangmelima, ein Protestant, kam zu mir, um sich persönlich zu verabschieden und für die Heilung seiner Frau, die leberkrank gewesen war, zu danken. Auch seine Schwester, die unter Kreislaufbeschwerden litt, berührte der HERR mit seiner heilenden Hand. Von dem Erbarmen Gottes tief ergriffen, brachte mir der Praefekt ein „kleines Geschenk" zur Erinnerung an meinen Aufenthalt in Sangmelima. Es war ein echter Stoßzahn eines Elefanten.
Der Stoßzahn hatte aber in meinem Koffer keinen Platz. Ich packte ihn also getrennt ein und setzte meine Reise fort. – Infolge des großen Gewichtes dieses Elefantenzahns mußte ich für mein Fluggepäck zuzahlen. Als ich aus dem Flugzeug stieg, hätte ich ihn beinahe vergessen. In der einen Hand trug ich meinen Koffer und in der anderen „das kleine Geschenk", das allmählich hinderlich und kostspielig wurde.
Als ich an meinem neuen Bestimmungsort ankam, bewunderte ein Experte auf diesem Gebiet das schöne Stück und sagte:
„Pater, dieser Stoßzahn ist sehr kostbar. Ich hoffe, daß Sie auf dem Flughafen keine Probleme bekommen; denn was den Handel mit Elfenbein betrifft, ist man sehr streng."
Daraufhin änderte sich mein Leben; ich mußte einen Spezialkoffer kaufen, auf den ich mehr achtgab als auf meinen eigenen. Ich bekam immer mehr Probleme auf den Flughäfen; ich mußte für das Gepäck beim Abflug und bei der Ankunft aufzahlen. – Daraufhin betete ich so:
„HERR, ich bin Zeuge davon, daß Du die Augen der Blinden öffnest. Verschließe nun die Augen dieser Männer, damit sie den Elefantenzahn nicht sehen. Du weißt, daß es ein „kleines Geschenk" ist."
Wenn ich in einem Haus übernachtete, mußte ich „diesen Zahn" häufig unter meinem Bett verstecken und bewachen. Und wenn ich von meinen Predigten zurückkehrte, bückte ich mich zuerst einmal, um nach meinem Elefantenzahn zu schauen. Manchmal betrachtete ich ihn einige Sekunden lang, streichelte ihn und behandelte ihn wie einen kostbaren Gegenstand.
Als ich eines Tages im Gebet war, begann ich plötzlich an den wertvollen Elfenbeinzahn zu denken – auch an die Sorgen und Ängste, die er mir, seitdem ich mit ihm herumreiste, schon verursacht hatte. Da rief ich laut aus:

„HERR, wie recht hattest Du mit Deinem Wort, „Glückselig sind die Armen", denn solange ich keinen Elefantenzahn hatte, gab es für mich keine Probleme!"
Ich stand auf und schenkte den Elfenbeinzahn dem Prior des Klosters, in dem ich untergebracht war; und unverzüglich kehrte Frieden in meine Seele ein. – Die Sorgen verschwanden ebenso wie die Nachzahlungen für das Übergewicht an Gepäck; sogar die Zerstreuungen während des Gebetes blieben aus.
Dank dieser Erfahrung lernte ich, daß „Elefanten-Stoßzähne" auch folgende Namen haben können: Macht, Geld, Ruhm, materielle Dinge – und daß sie immer eine Ursache der Versklavung sind. Das Schlimmste ist, daß wir diese Dinge, die uns vom wahren Gott wegbringen, förmlich „anbeten". Doch wie hinderlich sind diese „Elefantenzähne"! Wieviel müssen wir ihretwegen infolge Übergewichtes daraufzahlen! Wie belastend sind sie, besonders dann, wenn wir außer den Stoßzähnen noch den ganzen Elefanten tragen müssen! – Wir, die wir unser Vertrauen auf den HERRN setzen, brauchen keine materiellen Güter – gerade dies wollte mir Gott damit zeigen.
Mein Billet nach Kamerun und Senegal kostete 1780 Dollar. Da dies für diese armen Länder sehr viel Geld war, bat ich, mir nichts für meine Predigttätigkeit zu geben. Sie zahlten nur meine Flugkarte, das heißt 1800 Dollar insgesamt.
Ein Pfarrer, der dies wußte, wandte sich an mich:
„Das ist nicht richtig; du hast intensiv gearbeitet, und man gibt dir nur 20 Dollar. Das ist weniger als ein Dollar pro Tag!"
„Mach dir keine Sorgen!" beruhigte ich ihn, *„der HERR vergilt uns hundertfach."*
Als ich in meine Pfarrei zurückkam, wartete ein Berg von Briefen auf mich. In einem hieß es:
„Wir dachten, wir sollten Dir ein kleines Geschenk für die Evangelisation zukommen lassen."
Das kleine Geschenk erinnerte mich an den Elfenbeinzahn, und erschreckt ließ ich den Brief fallen. Es war ein Scheck über 2 000 Dollar darin; also genau das Hundertfache! – Ich bekam eine Gänsehaut, denn ich wußte bisher nicht, daß Jesus so genau rechnet.

La Romana, 10.12.1981

Liebe Eltern und Freunde,
vergangenen Sonntag, anläßlich des Christ-Königs-Festes, hielten wir in Santo Domingo unseren zweiten nationalen „Charismatischen Kongreß“ ab. 42 000 Besucher repräsentierten 1 500 Gebetsgruppen der Dominikanischen Republik. Am 22. November füllten sie anläßlich einer großen Glaubenskundgebung zu Ehren des Christ-Königs das Olympia-Stadion der Hauptstadt.
Das Thema des Kongresses lautete: „Jesus Christus – der König des Universums.“ – Das war etwas ganz Außergewöhnliches! Von 9 Uhr morgens bis 6 Uhr abends – in festlicher Stimmung unter einem strahlendblauen Himmel versammelt – sangen und beteten wir, hörten Vorträge und schmeckten die Liebe unseres Gottes und Vaters.
Um 11 Uhr morgens war ich an der Reihe, um von dem „lebendigen Jesus“ zu sprechen. Gleich zu Anfang sprach ich mit meiner ganzen Gebetsgruppe ein Heilungsgebet für alle Kranken, die in großer Zahl aus dem ganzen Land gekommen waren. Der HERR segnete uns in ganz besonderer Weise.
Eine große Anzahl von Zeugnissen hörten wir um 14.30 Uhr, zur Stunde der Zeugnisse. Unter anderem das eines Mannes, der mit vielen Schwierigkeiten zum Kongreß gekommen und vollständig geheilt worden war. Infolge eines Herzproblems war er linksseitig gelähmt und konnte nur mit Krücken gehen. Um 14.30 Uhr stieg er ohne seine Krücken und ganz ohne fremde Hilfe auf die Tribüne. Mit tränenerstickter Stimme dankte er dem HERRN, der ihn soeben geheilt hatte.
Am Tage unseres nationalen „Charismatischen Kongresses“ hielt unser neuer Erzbischof, Monsignore Nicolas de Jesus Lopez, einen glänzenden Vortrag über die „Charismatische Erneuerung“ in der Welt von heute. Die wenigen Priester, die noch heftig gegen die Erneuerung im Erzbistum ankämpften, schienen infolge der klaren und festen Stellung unseres neuen Erzbischofs beschämt zu sein. Preis dem HERRN!
Ich habe nun die große Freude, Euch mitzuteilen, daß ich nicht mehr Pfarrer von Sanchez bin. Dies ist eine Freude für mich, denn ich konnte nicht gut meine Pfarrei betreuen und gleichzeitig auf so vielen Freizeitveranstaltungen in der ganzen Welt predigen. Ich wurde

von meinem Amt im vergangenen April entbunden, und jetzt bin ich Vollzeitprediger, wohnhaft in unserer Pfarrei La Romana, deren Pfarrer Pater André Dumas ist. Pater André ist für 30 000 Bewohner ganz allein zuständig. Wenn ich von meinen Reisen zurückkomme, helfe ich ihm ein wenig; das ist gut für mich, denn man sollte die Arbeiten in der Pfarrei mit der Freizeitarbeit in Einklang bringen. – Dieses Jahr war ich Zeuge des auferstandenen Christus in fünf Kontinenten. Ich will Euch davon berichten, wobei ich jedoch tausend wichtige Ereignisse weglassen muß.

Nach den ökumenischen Konferenzen in der Schweiz fuhr ich nach Lisieux, nach Marseille und nach Paray-le-Monial. Dann kehrte ich in die Dominikanische Republik zurück und begab mich zu einem Priester-Treffen nach Ceja (Kolumbien) und schließlich zu einer Freizeitkonferenz in Monterrey (Mexiko), wo ich etwas Eigenartiges erlebte:

Da mein Reisepaß nicht mehr gültig war, schickte ich ihn an die Kanadische Botschaft in Caracas (Venezuela), um ihn erneuern zu lassen. Meine Abreise aus Mexiko kam näher, mein Paß aber kam nicht wieder. Am Vorabend telefonierte ich nach Caracas, wo man mir versicherte, man hätte ihn an mich abgesandt. Ich konnte nichts anderes tun, als geduldig zu warten, bis er wieder zurückkäme.

Nachmittags rief man mich aus Monterrey an, wobei man sich nach der Nummer und der Stunde meines Fluges erkundigte. Ich mußte dem Fragesteller sagen, daß mein Gepäck allein, ohne mich, hinkommen würde, da ich ohne Reisepaß dasäße. Man war sehr betroffen, denn alles war für die Ankunft von 14 000 Besuchern vorbereitet. Diese guten, gläubigen Leute versprachen mir jedoch, die Nacht im Gebet zu verbringen.

Am nächsten Tag verließ ich den dominikanischen Flughafen ohne Reisepaß. Ich sprach mit dem Chef der Einwanderungsbehörde und erklärte ihm, daß ein Kanadier mit einem Führerschein in die USA einreisen dürfe. (Das Flugzeug mußte in Miami eine Zwischenlandung machen, bevor es nach Mexiko weiterflog.)
Er erwiderte:

„Wenn die „Eastern Company“ das Risiko auf sich nimmt, Sie an Bord zu nehmen – von mir aus können Sie reisen.“
Ich sprach darauf mit dem Angestellten der Eastern Fluggesellschaft; er erklärte mir:

„Wenn die Einwanderungsbehörde das Risiko übernimmt, nehmen wir Sie an Bord.“
Ich betete und sprach zum HERRN:
„HERR, Du bist es doch, der alle Risiken übernimmt.“ – Und ich bestieg ganz ruhig das Flugzeug in Richtung Miami.
Bei der Ankunft zeigten alle Fluggäste ihren Reisepaß, ihr Visum und ihre Einwanderungserlaubnis vor. – Ich aber nur meinen Führerschein. – Der Kontrolloffizier fragte mich:
„Was ist das?“
– *„Meine Erlaubnis – das ist alles, was ich habe. Ein Kanadier kann mit dem in die USA einreisen ...“*
Er hatte Mitleid mit mir und ließ mich passieren. –
Vor dem Anschlußflug nach Mexiko erklärte mir jedoch der Einwanderungsoffizier, der die Gesetze gut kannte, sehr erbost:
„Mit dem da können sie nicht nach Mexiko einreisen, auch sonst nirgendwohin. Sie dürfen nicht einmal in Miami bleiben. Dies taugt überhaupt nichts. Jedermann kann in Kanada einen Führerschein bekommen; das bedeutet noch lange nicht, daß er Kanadier ist. In die USA reist man mit einem Personalausweis ein und nicht mit einem Führerschein! – Niemals läßt man Sie mit dem da nach Mexiko hinein. Man wird Sie zurückschicken!“
Ich hatte mich geirrt; ich hatte „Führerschein“ mit „Personalausweis“ verwechselt. Gott sei Dank durfte ich weiterreisen. Als ich aber in Mexiko ankam, gab es ein neues, nicht weniger ernstes Problem.
Da betete ich:
„HERR, verschließe jenem Menschen die Augen, damit er nicht sieht, was mir fehlt!“
Der Kontrolloffizier war gerade damit beschäftigt, seinen Kaffee zu trinken. Zerstreut sprach er mit seinem Kollegen. Das Papier, das ich ihm reichte, sah er gar nicht an, drückte den Stempel darauf, und ich reiste überglücklich in das Land ein.
Der HERR, der die Augen des Angestellten der Einwanderungsbehörde verschlossen hatte, öffnete während des Freizeitgottesdienstes die Augen einer Frau, die seit fünf Jahren blind war. JESUS ist der HERR des Unmöglichen! –
Nach dem Missionseinsatz in Monterrey feierten wir eine heilige Messe für die Kranken in einem Sanktuarium im Freien. Der Altar befand sich inmitten von 6 000 Besuchern, die von einem Dauerre-

gen völlig durchnäßt waren. – Nach der heiligen Kommunion heilte der HERR einen Mann, der seit einigen Jahren infolge einer cerebralen Gefäßverengung den Gebrauch seiner Sprache verloren hatte.
Der HERR löste seine Zunge – und er rief laut:
„Preis dem HERRN, Preis dem HERRN!"
Es gab großes Erstaunen unter denen, die ihn kannten. Dann brachten sie ihn zum Mikrophon, damit er Zeugnis gebe.
Zwei Gelähmte standen auf und begannen zu gehen. Während ihr Pfarrer weinte, kam einer von ihnen nach vorne, um Zeugnis zu geben. Zahlreiche Priester, die mit uns die Messe feierten, wurden von Rührung überwältigt und weinten. Ich lachte und rief laut:
„Jesus lebt, ihr seht es alle!"
Dies ist die Zusammenfassung einiger meiner Erlebnisse während dieses Jahres. Ihr werdet mir entgegenhalten, daß ich so viel von Freizeitveranstaltungen spreche. Aber gerade daran – für die Kranken zu beten – hängt mein Herz; überall die Liebe und das Erbarmen des Herzens Jesu zu predigen – das ist meine Berufung!

La Romana, 10.12.1982

Liebe Eltern und Freunde!
Ich hoffe, daß Ihr alle bei guter Gesundheit seid und die Freude des HERRN Euch erfüllt. Was mich anbelangt, so war meine Gesundheit noch nie so gut, und ich bin glücklich, sie in den Dienst der Evangelisation stellen zu dürfen; denn es ist die Gesundheit, die mir der HERR vor 10 Jahren wiedergab. – Ich dachte sogar daran, ein kleines Büchlein über meine Erlebnisse mit Gott zu schreiben, in dem ich erzählen wollte, was ich während der 10 Jahre meines Apostolates in der „Charismatischen Erneuerungsbewegung" gesehen und miterlebt habe. Ich weiß nicht, ob ich dazu die Zeit finden werde; der Gedanke daran kommt mir jedoch sehr häufig in den Sinn. Ich will versuchen, das Buch zu schreiben, und es könnte den Titel haben: „Jesus hat aus mir einen Zeugen gemacht."
Ende November kam ich aus französisch Polynesien zurück. Diese Reise war eine meiner schönsten in meinem Leben. Ich habe noch nie ein so sympathisches Volk, welches das WORT Gottes so bereitwillig aufnahm, erlebt. Dort hatten wir eine Evangelisation voll von Freude und voll von Segnungen des HERRN!

Um Euch eine kleine Vorstellung vom Empfang, den mir die Einwohner dort bereiteten, zu geben, will ich Euch nur folgendes berichten: Als ich um 2 Uhr morgens am Flughafen von Tahiti ankam – nach 16 Flugstunden, Tausende von Kilometern von Santo Domingo entfernt, (es ist die doppelte Entfernung wie zwischen Santo Domingo und Paris) – erwarteten mich, zu meiner großen Überraschung, 200 Charismatiker am Flughafen.
Sie waren zu dieser frühen Morgenstunde gekommen, um mich mit Blumenkränzen, Küssen und Liedern zu empfangen. Sie sangen von ganzem Herzen „Alabaré“ (d. h. „Ich will loben ...“) und deckten mich so mit Blumenkränzen zu, daß ich nicht aus den Augen schauen konnte. Ich hätte den Hals einer Giraffe gebraucht.
Zwei Tage später begannen wir den ersten Kongreß für die Leiter der Erneuerungsbewegung, die von mehreren Inseln, die zu französisch Polynesien gehören, gekommen waren. Bei dem ersten Treffen waren 220 Personen anwesend. Jene, die von den am weitesten entfernten Inseln gekommen waren, benötigten drei Tage Schiffsreise, um dann fünf Tage lang an der Freizeit teilzunehmen. Daran konnte ich ihren großen Opfergeist erkennen. Es ist deshalb nicht erstaunlich, daß wir überreichlich gesegnet wurden. In gewisser Hinsicht erlebte ich ähnliche Dinge wie im Jahr 1975 in Pimentel.
Die ersten Missionare, die in französisch Polynesien eintrafen, hatten ihre Arbeit im Jahr 1834 begonnen. In diesem Jahr, anläßlich der 150. Jahresfeier der Mission, bereitet man Evangelisationsveranstaltungen in der ganzen Diözese vor. Unsere „Charismatischen Freizeitveranstaltungen“ bildeten einen Teil des Gesamtprogrammes.
Die Freigebigkeit dieser Menschen zeigte sich auf tausenderlei Arten. Ich habe noch niemals so viele Geschenke erhalten: 18 Hemden, 2 Paar Schuhe, einen blauen, sehr eleganten Anzug usw. – Als ich abreisen wollte, war für alle diese Sachen in meinem Koffer nicht genügend Platz. Daraufhin bot mir die Gemeinde der chinesischen Katholiken einen schönen, großen Koffer an, um meine Geschenke darin unterzubringen. Es war der schönste Koffer, den ich jemals besaß. Ich hatte 25 kg Reisegepäck mehr als zulässig. Trotzdem berechnete man mir für die Flugreise keinen einzigen Pfennig Zuschlag. Ich werde diese gütigen Leute von Tahiti nicht so schnell vergessen; auch nicht die Insel, wo ich fast einen Monat lang unter Menschen evangelisierte, die für das WORT GOTTES in rührender Weise aufgeschlossen waren.

Nachdem ich auf verschiedenen Inseln gepredigt und verschiedene religiöse Gemeinschaften – auch solche von Lepra-Kranken, bei denen ich die heilige Messe las – besucht hatte, fand in der letzten Woche nach einer Zusammenkunft mit Missionsbrüdern eine Abendkonferenz statt, bei der ich die Messe zelebrierte und für die Kranken betete. Jeden Abend waren 3 000 bis 5 000 Besucher anwesend. Anstelle der Predigt gab es Zeugnisse von Personen, die während der vergangenen Tage geheilt worden waren.
Das Zeugnis, das auf mich den stärksten Eindruck machte, war das eines Mannes, der auf einem Auge vollkommen blind war, auf dem anderen nur sehr wenig sah, und in Kürze operiert werden sollte. Während der Meßfeier für die Kranken sah er, genau im Moment der Erhebung der heiligen Hostie, ein strahlendes Licht in der Kirche, und sein Augenlicht wurde ihm von unserem barmherzigen Gott wieder geschenkt. Er war geheilt. Lob und Dank sei unserem gütigen und allmächtigen HERRN dafür gesagt! –
Bei meiner Ankunft hatte man mich mit Blumenkränzen, bei meiner Abreise jedoch mit Muschelketten zugedeckt. Als ich mich mit all den Dingen im Flugzeug bewegte, machte ich solchen Lärm, daß die Leute lachten. Ich teilte später diese Geschenke mit den Glaubensgeschwistern meiner Pfarrei, und es ist komisch, wenn man heute in der Karibik Leute sieht, die Halsketten und Hemden aus Polynesien tragen.

La Romana, 25.10.1983

Liebe Eltern und Freunde!
Ich komme gerade aus Jugoslawien zurück, und es verlangt mich sehr, Euch zu grüßen; ich hoffe, daß Ihr Frieden habt und in der Freude des HERRN lebt.
Ich glaube, daß ich nicht das Recht habe zu schweigen, nachdem ich auf meiner langen Evangelisationsreise – sie begann am 18. August und endete am 15. Oktober, am Tag des Festes der heiligen Theresa von Avila – so vieles gesehen und erlebt habe.
Am 18. August reiste ich nach Frankreich, um an dem Treffen der französischen charismatischen Gemeinden in Ars teilzunehmen. 4 000 Teilnehmer waren hier in der Freude des HERRN zu einer Ge-

betswoche, zu Meditation beziehungsweise Studium versammelt. Es war ein schönes Treffen mit Segnungen jedweder Art.
Danach ging meine Reise nach Jugoslawien. Meine Weggefährten waren der Abbé Pierre Rancourt aus Quebec und der Doktor Philipp Madre, ein Diakon, Hirte der charismatischen Gemeinde des „Lion de Juda“ in Frankreich.
Nach den Zeugnissen und den Früchten, die durchwegs Züge der Echtheit tragen, erscheint die heilige Jungfrau in Medjugorje, in Jugoslawien, mit einer Botschaft des Friedens, des Gebetes und der Buße. Es besteht kein Zweifel, daß die Pfarrei des Paters Tomislav Vlasik zu einem Glaubens- und Wallfahrtszentrum, wo es schon zu vielen Bekehrungen kam, geworden ist.
Wir kamen am Dienstag vor der Abendmesse in Medjugorje an. Pater Tomislav lud uns ein, sie mit ihm zu zelebrieren. Mehr als 3 000 Besucher waren zur Eucharistiefeier versammelt. 12 Priester, auf Stühlen sitzend, nahmen draußen vielen reumütigen Menschen, die sich in langen Reihen angestellt hatten, die Beichte ab. Es war dies eine normale Abendmesse. Man sagte, daß seit zwei Jahren samstags und sonntags zwischen 7 000 und 8 000 Pilger anwesend wären.
Nach Beendigung der heiligen Messe sagte Pater Tomislav zu mir: *„Gut, daß der Freizeitgottesdienst nicht schon heute beginnt; es gibt hier viele kranke Besucher. Möchtest du für sie beten?“*
Ich sagte natürlich freudig zu. Ein Priester übersetzte dabei mein Gebet ins Kroatische. Von diesem Abend an begann der HERR die Kranken, die dann nach Beendigung der Messe Zeugnis gaben, zu heilen.
Am nächsten Tag waren mindestens 8 000 Personen anwesend. Die Nachricht von den Heilungen hatte sich schnell verbreitet, und das beunruhigte allmählich die Polizisten der Nationalen Sicherheit. Wir beteten, wobei der HERR einige von ihnen, die danach auch ihr Zeugnis ablegten, heilte. Am Donnerstag abend waren 14 000 Pilger versammelt – während ich im Gefängnis saß.
Was war geschehen? In der Frühe hatten wir eine Gruppe von Jugendlichen unterwiesen, wobei ich, bevor ich zum Frühstück ging, um die Taufe im Heiligen Geist betete. Alle wurden vom HERRN gesegnet. Einige empfingen auch die Sprachengabe, und es herrschten tiefer Frieden und große Freude unter den Versammelten.
Anschließend kehrte ich zum Essen ins Presbyterium zurück. Als das Essen beendet war, trafen drei Agenten der Nationalen Sicher-

heit ein und befahlen uns, ihnen mit unseren Reisepässen zwecks eines Verhörs zu folgen. Wir waren gefangen!

Man brachte uns nach dem 7 km entfernten Citluk vor Gericht und klagte mich an, den Frieden in Jugoslawien gestört und ohne Genehmigung der Regierung gepredigt zu haben. Man sperrte uns alle drei in einen kleinen Salon ein. Da war ich froh, daß ich nicht allein nach Jugoslawien gereist war; denn man erträgt das Gefängnis leichter zu dritt. Gegen 5 Uhr baten wir, da es sehr heiß war, um ein Glas Wasser. Man sagte uns, es gäbe keine Gläser.

– Am Tag zuvor hatten wir bei Wasser und Brot für den Frieden der Welt gefastet, so wie es die Klosterschwestern, die Priester und die Gebetsgruppen jeden Mittwoch tun. Ich sehnte mich daher sehr nach dem Donnerstag; der kam auch, aber im Gefängnis und ohne Brot und Wasser.

Zur Zeit des Rosenkranzgebets in der Kirche, gegen 20.15 Uhr, vereinigten wir uns mit unseren Brüdern, indem wir im Gefängnis den Rosenkranz rezitierten; wir endeten mit dem „Salve Regina!" – Da kam ganz wütend ein Polizist herein und befahl uns zu schweigen. Ich wußte nicht, daß die Gefangenen nicht das Recht haben, Lieder zu singen. Doch ich glaube, daß unser Frieden und unsere Freude auf die Polizisten Eindruck machten.

An der Wand hing ein großes Foto des Marschalls Tito. An Pierre Rancourt gewandt, sagte ich:

„Mach doch bitte ein Foto von mir; ich möchte eine Erinnerung an meine Gefängniszeit in Jugoslawien haben."

Lächelnd zeigte ich mit dem Finger auf Tito und sagte: „Er ist der Schuldige!" Als das Blitzlicht aufflammte, eilten die Polizisten herbei, wurden zornig und verlangten von mir das Foto, einschließlich des Apparates. Ich zitterte wie ein Kind, das etwas angestellt hat, öffnete dann aber die Blende des Objektivs, um den Film unbrauchbar zu machen; auf diese Weise rettete ich mich aus einer verfänglichen Situation.

Nachdem man unser Gepäck durchwühlt hatte, gab man uns 24 Stunden Zeit, um das Land zu verlassen. Andernfalls kämen wir wieder ins Gefängnis.

Am nächsten Tag fuhren wir im Taxi nach dem 350 km entfernten Zadar, nachdem wir uns von den Priestern und Nonnen, die sehr nett zu uns gewesen waren, verabschiedet hatten. Sie waren traurig, daß wir auf diese Art des Landes verwiesen wurden.

In Zadar, einer Touristenstadt an der Adria, schifften wir uns um 21 Uhr ein und erreichten Rimini (in Italien) um 6 Uhr morgens. Dort nahmen wir den Zug nach Mailand. Am Abend brachte uns das Flugzeug nach Paris, wo wir rechtzeitig zum Abendessen ankamen. Wir brauchten zwei Tage, um aus Jugoslawien zurückzukehren, denn an dem Tag unserer Abreise gab es keine Möglichkeit einer Flugverbindung. – Das Evangelium hat recht, wenn es uns das Hundertfache an Segen, aber auch Verfolgungen im Namen Jesu verspricht.

In einem weiteren folgenden Brief werde ich Euch meine Erlebnisse im Kongo schildern, wohin ich reiste, um das Jahrhundertfest der Evangelisation mitzufeiern. Seid alle gesegnet!

La Romana, 15.11.1983

Liebe Eltern und Freunde!

Hier also folgt der Bericht über meine Reise nach Afrika und über die Wunder, welche meine Augen dort sahen. Am 19. September reiste ich nachts von Paris nach Afrika ab. Ich sollte zwei Wochen lang im Kongo und anschließend fünf Tage in Zaire (belgisch Kongo) predigen.

Am 20. September, morgens, kam ich in Kinshasa, der Hauptstadt von Zaire, an. Ich wurde sehr freundlich von den Jesuiten-Patres, besonders von Pater Guy Verhaegen, S.J., dem Assessor der „Charismatischen Gemeinde" von Kinshasa, aufgenommen. Er hatte mich eingeladen, hinzukommen, um mit den Leitern der Erneuerungsbewegung einen Freizeitkongreß abzuhalten. – Ich ruhte mich von der achtstündigen Reise ein wenig aus und ging dann zur Botschaft des Kongo, um ein Visum zu beantragen. Am nächsten Tag, das Visum in der Hand, fuhr ich per Schiff in kaum zehn Minuten nach Brazzaville, der Hauptstadt des Kongo.

Nach meiner Ankunft im Kongo fuhr ich dann nach Linzolo, einem Marien-Wallfahrtsort, ca. 20 km von Brazzaville entfernt. Dort sollte die erste Eucharistiefeier stattfinden. 3 000 Menschen warteten im Freien auf diese viertägige Freizeitveranstaltung. Nachdem ich den Pater Ernesto Kombo, S.J., der alles organisierte, begrüßt hatte, begannen wir mit dem Thema „Der Glaube im WORT GOTTES".

Welches Schauspiel! – diese Tausende von Menschen – auf dem Boden, auf Decken oder kleinen Schemeln sitzend – so aufmerksam dem WORT GOTTES lauschend! – Das war eine große Volksmission, anläßlich der Jahrhundertfeier der Evangelisation und gleichzeitig der Zehnjahresfeier der Erneuerungsbewegung im Kongo!
Ich hielt zwei Vorträge: morgens einen und einen nachmittags; anschließend zelebrierte ich die heilige Eucharistie, verbunden mit einer Predigt und einem Gebet für die Kranken. Am Abend hatten wir eine große charismatische Gebetsversammlung mit allen Manifestationen des Heiligen Geistes, die der HERR bereit war, uns zu schenken. – Eines Abends beteten wir das Allerheiligste Sakrament an, das im Freien auf dem Altar, in der Nähe der Grotte, ausgesetzt war. Von 9 Uhr abends bis Mitternacht folgten spontanes Gebet, Lieder und Predigt.
Im Kongo fand ich einen intensiven und tiefen Glauben vor; einen Glauben, wie ich ihn sehr selten auf meinen Evangelisationsreisen quer durch die Welt angetroffen habe. Stellt Euch das große Vertrauen vor, das diese Menschen benötigten, um vier Tage bei einer Freizeitveranstaltung auszuhalten, und das inmitten der Woche und ohne Hotelunterkunft! – Jeder richtete sich ein, so gut er konnte, im Freien schlafend, sich auf Decken ausstreckend und sich von dem, was er in seinem Bündel mitgebracht hatte, ernährend. Bei dieser Gelegenheit ließ Gott, der sich an Freigebigkeit nicht übertreffen läßt, seine Herrlichkeit hell erstrahlen.
Die Regierung ist im Kongo seit 8 Jahren in den Händen der Marxisten. Nach der Selbständigkeitserklärung des Landes machte man den Versuch, eine Demokratie zu installieren; aber bald wurde die Regierung gestürzt, und die Kommunisten übernahmen die Macht. Im Jahr 1977 wurde der Präsident Ngouabi, ein Kommunist, ermordet und durch einen anderen Kommunisten ersetzt. Vier Tage später erschienen Polizisten im Wohnsitz des Kardinals Emil Biayenda und befahlen ihm, ihnen zu einem Gespräch mit der Regierungsbehörde zu folgen. Niemals mehr sollte das Volk seinen Kardinal wiedersehen, seinen Seelenhirten, der nach Aussagen aller Priester außerordentlich befähigt war.
Vor zwei Jahren besuchte Papst Johannes Paul II. den Kongo und feierte in Brazzaville im Freien, unter überschäumender Begeisterung der Menschen, die Eucharistie. Man sagt, daß von da an – so scheint es – die von Oberst Denis Sassou geführte Regierung ihre

Beziehungen zur Kirche verbessert hätte – vor allem in diesem Jahr der Jahrhundertfeier der Evangelisation.
Unter diesen Umständen kam ich – eingeladen vom gegenwärtigen Erzbischof von Brazzaville – an, um zwei Wochen lang in Freizeitversammlungen zu predigen.
In keinem Land der Welt sah ich bei Freizeitandachten so viele Heilungen wie im Kongo. Das einzige Land, das ich mit dem Kongo hinsichtlich der Zeichen, welche die Evangelisation begleiteten, vergleichen könnte, wäre französisch Polynesien, wo ich im vergangenen Jahr drei Wochen bei einem Freizeittreffen missioniert hatte. Dort fand damals ebenfalls eine Jahresfeier der Evangelisation statt. Aber im Kongo waren die Zeichen noch stärker und ergreifender.
Bei Jesaja lesen wir:
„An jenem Tag hören alle, die taub sind, sogar Worte, die nur geschrieben sind, und die Augen der Blinden sehen selbst im Dunkeln und Finstern. Die Erniedrigten freuen sich wieder über den Herrn, und die Armen jubeln über den Heiligen Israels." (Jes 29, 18-19)
„Die Wüste und das trockene Land sollen sich freuen, die Steppe soll jubeln und blühen.
Sie soll prächtig blühen wie eine Lilie, jubeln und jauchzen.
Die Herrlichkeit des Libanon wird ihr geschenkt, die Pracht des Karmel und der Ebene Scharon.
Man wird die Herrlichkeit des Herrn sehen, die Pracht unseres Gottes. Macht die erschlafften Hände wieder fest!
Sagt den Verzagten: Habt Mut, fürchtet euch nicht!
Seht, hier ist euer Gott! Die Rache Gottes wird kommen und seine Vergeltung; er selbst wird kommen und euch erretten.
Dann werden die Augen der Blinden geöffnet, auch die Ohren der Tauben sind wieder offen.
Dann springt der Lahme wie ein Hirsch, die Zunge des Stummen jauchzt auf.
In der Wüste brechen Quellen hervor, und Bäche fließen in der Steppe." (Jes 35, 1-6)
In diesen wenigen Tagen wurden wir Zeugen dieser Zeichen „unter den Ärmsten". Der HERR begleitete mit allerlei Arten von Zeichen und Wundern sein „WORT des HEILS".
Das Evangelium ist wahr und wirksam, auch heute –, wenn wir wahrhaftig an den HERRN glauben.
Gleich am ersten Abend des Missionseinsatzes in Linzolo kam nach

dem Gebet für die Kranken ein Wort des HERRN ganz stark in mein Herz:
„Es ist hier jemand anwesend, der starke Schmerzen im rechten Bein hat. Er hinkt und hält sich nur mit Mühe auf seinem rechten Bein aufrecht. In diesem Augenblick spürt er ein starkes Zittern und eine große Hitze in diesem Bein. Der HERR ist gerade dabei, ihn zu heilen. Du, der du die Heilung fühlst, hab Vertrauen: Im Namen Jesu, steh auf und geh!"
Langanhaltendes Schweigen in der Versammlung. Niemand rührte sich. Da nicht alle die französische Sprache verstanden, übersetzte Pater Ernesto Kombo in den Dialekt dieser Gegend. Da erhob sich ein Mann, 28 Jahre alt, und sprang auf „wie ein Hirsch"! Er hatte ein Bein eingebunden. Seit langem hatte er im rechten Bein Schmerzen und hinkte deshalb, weshalb er auch arbeitsunfähig war. Er gab sein Zeugnis, indem er vor der Menschenmenge mit dem rechten, in Bandagen eingepackten Bein erschien. Jetzt hinkte er nicht mehr. – Die Menge applaudierte, und alle lobten den HERRN. Sämtliche Besucher sahen vor ihren Augen die Herrlichkeit Gottes mit einem Regen von Segnungen und Heilungen aufgehen; Segnungen, die der HERR auf diese vor Trockenheit verdurstete Erde ausgoß.
Am nächsten Tag gab es zahlreiche Zeugnisse. Ein Blinder hatte das Sehvermögen wieder erlangt und gab Zeugnis, indem er dem HERRN für diese große Gnade dankte. – Aber unsere größte Überraschung geschah am zweiten Tag, als ein kleines 10jähriges Mädchen, das von Geburt an taubstumm war, geheilt wurde. – *„Die Ohren der Tauben werden sich öffnen, und die Zunge der Stummen wird vor Freude jauchzen."*
Dieses von Geburt an taube Mädchen war, als es am Ende der heiligen Messe den Gesang hörte, so erschrocken, daß es panikartige Schreie ausstieß und davonlief, wobei es sich mit den Fingern die Ohren zuhielt. Allmählich beruhigte es sich. Am Morgen des nächsten Tages kam die Kleine mit ihrer Mutter wieder zum Gottesdienst, um uns ihre geheilten Ohren vorzuführen. Wir sagten zu ihr ein Wort in französischer Sprache, und sie wiederholte es ganz klar. Sie war davon ganz fasziniert – ähnlich einem kleinen Kind, das Papa und Mama zu sagen lernt –, daß sie wiederholen konnte, was wir ihr vorsagten. – Diese Heilung erregte großes Aufsehen, so daß sich die Nachricht davon bis in die Hauptstadt verbreitete.
Viele andere Heilungen geschahen jeden Nachmittag nach der heili-

gen Eucharistie, dem heiligen Abendmahl. – Die Menge wuchs so an, daß am Ende mindestens 5 000 Personen am Treffen teilnahmen. Dieser erste Missionseinsatz in Linzolo wird mir unvergeßlich in Erinnerung bleiben. Das war jedoch nur der Anfang. Am Sonntag sollte die heilige Messe für die Kranken in der Kathedrale gefeiert werden. Wir mußten sie ins Freie verlegen, denn es nahmen daran mehr als 2 000 Personen teil. Bei dieser Messe wollte der HERR ein klares Zeichen bezüglich der Wahrheit seines WORTES geben, so wie er es tat, als er zu dem Gelähmten sprach:
„Ihr sollt aber erkennen, daß der Menschensohn die Vollmacht hat, hier auf Erden Sünden zu vergeben. Und er sagte zu dem Gelähmten: Ich sage dir: Steh auf, nimm deine Tragbahre und geh nach Hause!" (Lk 5,24)
Nach dem Gebet für die Kranken spürte ein Mann, der seit acht Jahren halbseitig gelähmt war und sich allein nicht fortbewegen konnte, daß ihn der HERR berührt hatte. Ein „Wort der Erkenntnis" lud ihn ein, aufzustehen. Zum Erstaunen aller erhob er sich und ging allein bis zum Altar vor. Dort dankte er unter Schluchzen dem HERRN. Er war geheilt!
Am nächsten Tag fand das Treffen für die Priester und Nonnen von Brazzaville statt. In zwei verschiedenen Kirchen sollten zwei Eucharistiefeiern, zu denen die Kranken eingeladen worden waren, zelebriert werden. Die erste wurde vor der Kirche Sankt Peter abgehalten. Mehrere tausend Personen, die den Kirchenvorplatz füllten, nahmen daran teil. Ich predigte über das Thema, „Die Eucharistie – das Sakrament der Heilung", und der HERR kam zu uns, um seine reale Gegenwart in der geweihten Hostie zu bestätigen, indem er zwei Gelähmte, darunter eine 35 Jahre alte Frau, die man auf einer Tragbahre gebracht hatte, heilte. Seit zweieinhalb Jahren lag sie auf ihrem Lager. Der HERR ermunterte sie nach der Kommunion, aufzustehen. Ich half ihr, indem ich ihr die Hand gab. Sie konnte dann bis zum Altar vorgehen und sogar mühelos die drei Stufen des Podiums hinaufsteigen. Dort angekommen, begann sie überglücklich vor Freude vor der Menschenmenge zu tanzen. Die Versammlung brach in einen Freudentaumel aus! –
Dann stand ein Gelähmter, den seine Freunde auf ihren Armen herbeigetragen hatten, ebenfalls auf und ging ruhig und ganz allein bis zum Altar vor. Die Heilungen jeder Art vervielfachten sich. Jesus sprach wieder zu seinem Volk:

„Macht die erschlafften Hände wieder stark und die wankenden Knie wieder fest! Sagt den Verzagten: Habt Mut, fürchtet euch nicht! Seht, hier ist euer Gott!... (Jes 35, 3-4)

Am Dienstag konnten wir die heilige Messe nicht mehr innerhalb der Kirche feiern. Wir mußten in das Stadion in der Pfarrei Sankt Anna, das 15 000 Besucher faßt, umziehen.

Um 3 Uhr nachmittags war das Stadion zum Bersten voll, und mehr Leute standen noch draußen als drinnen. Man mußte die Tore schließen. An der Zelebrierung der Eucharistie beteiligten sich der Erzbischof und mehrere Priester. Ich sprach über die Zeichen, die Jesus den Jüngern des Johannes des Täufers nannte, als sie ihn fragten: *„Johannes erfuhr das alles von seinen Jüngern. Da rief er zwei von ihnen zu sich, schickte sie zum Herrn und ließ ihn fragen: Bist du der, der kommen soll, oder müssen wir auf einen anderen warten? Als die beiden Männer zu Jesus kamen, sagten sie: Johannes der Täufer hat uns zu dir geschickt und läßt dich fragen: Bist du der, der kommen soll, oder müssen wir auf einen anderen warten? Damals heilte Jesus viele Menschen von ihren Krankheiten und Leiden, befreite sie von bösen Geistern und schenkte vielen Blinden das Augenlicht. Er antwortete den beiden: Geht und berichtet Johannes, was ihr gesehen und gehört habt: Blinde sehen wieder, Lahme gehen, und Aussätzige werden rein; Taube hören, Tote stehen auf, und den Armen wird das Evangelium verkündet. Selig ist, wer an mir keinen Anstoß nimmt." (Lk 7,18–23)*

Nach dem Gebet für die Kranken wurden mehrere Personen von der Kraft des Heiligen Geistes angerührt. Am nächsten Tag gab es zahlreiche Zeugnisse. Am meisten überraschte uns das Zeugnis eines von Geburt an taubstummen Kindes, das im Stadion geheilt worden war. Der Vater des Kindes, Professor am Colegio in Brazzaville, veranstaltete mit seinen Freunden an diesem Abend ein Fest, um Gott für das Wunder zu danken. Er war Mitglied der kommunistischen Partei und ging am nächsten Tag ins Zentralbüro der Partei, um seinen Partei-Ausweis abzugeben:

„Ich brauche das nicht mehr", sagte er, *„Gott existiert. Er hat meinen Sohn geheilt!"*

Von diesem Augenblick an begannen die oberen Parteistellen zu reagieren. Die Agenten der Nationalen Sicherheit waren von all dem, was bei uns geschah, echt beunruhigt. Eines Abends kam ein Regie-

rungsmitglied, um uns vor dem großen Unbehagen, das sich in der kommunistischen Partei ausbreitete, zu warnen:
„Die Agenten der Nationalen Sicherheit werden allmählich ärgerlich", verriet er uns. *„Seid auf der Hut; denn Lenin ist in Gefahr!"* – Wir mußten darüber lachen. Doch am nächsten Tag warnte er uns wiederum:
„Es gibt immer mehr Kritik unter den Mitgliedern der Partei ... Der Marxismus stirbt!"
Bei all unseren Einsätzen waren nun Geheimagenten der Regierung, die uns auch überallhin folgten, anwesend.
Am Morgen des nächsten Tages reisten wir in einem kleinen Flugzeug nach Louteté und Pointe Noire, um dort zu missionieren. Diese Orte liegen ca. 700 km von Brazzaville entfernt.
In den zehn Jahren meines Heilungsdienstes hatte ich noch nie so viele Segnungen, die sich über die Menschenmenge ergossen, gesehen wie während dieser ersten Meßfeier für die Kranken in Pointe Noire. Die Lahmen wandelten, die Tauben begannen zu hören, die Stummen schrien, und die Blinden bekamen das Augenlicht geschenkt.
Wir wollten die Zeugnisse schriftlich festhalten. Die Heilungen während der ersten Meßfeier überschritten jedoch die Zahl hundert. Dies war wahrhaftig von seiten Gottes, der so reich an Erbarmen ist, das größte Gnadengeschenk zur Jahrhundertfeier! –
Die Armen und Geheilten freuten sich und dankten unserem HERRN, dem Heiligen von Israel.
Das Zeugnis, das am stärksten beeindruckte, war das eines protestantischen Pastors, der seit acht Jahren halbseitig gelähmt war. Vor der Meßfeier hatte man ihn in einem Taxi gebracht und auf einem Polsterstuhl hierher getragen. Gott, der wahrhaft Vater ist und seine Kinder in der Liebe vereinigen will, heilte während der Eucharistiefeier diesen evangelischen Pastor. Dies ist echte Ökumene von seiten Gottes! –
Am nächsten Tag, zur Stunde der Heilungsberichte, stand er allein, ohne Unterstützung, von seinem Sitzplatz auf, ging ruhig und ohne jede Hilfe zum Mikrophon, um dort unter Schluchzen und mit zum Himmel erhobenen Händen dem HERRN für seine Heilung zu danken.
Ihr werdet verstehen, wie groß die Freude in unserem Herzen war!

Die Evangelisation war zwar ermüdend, aber voll Freude. Die Zeichen und Wunder Jesu hatten die marxistische Theorie vom Tod Gottes zunichte gemacht. Jetzt fehlte nur noch die Abschlußmesse im Stadion, das 40 000 Menschen fassen kann. Ich war sehr müde und sagte zu Pater Kombo: *„Morgen stehe ich spät auf!“* –
Kaum hatte ich mich niedergelegt, bekam ich den wenig angenehmen Besuch dreier Agenten der „Nationalen Sicherheit“, die mich sicherlich nicht aufsuchten, damit ich für sie bete.
Sie befahlen mir, ihnen zu einem Verhör zu folgen. Ich dachte: „Hoffentlich nicht dieselbe Geschichte wie in Jugoslawien!“
Die Jesuiten-Patres wollten nicht, daß ich allein den Polizisten folge. Sie erinnerten sich daran, daß im Jahr 1977 der Kardinal allein mitgegangen und auf Nimmerwiedersehen verschwunden war. Daher begleiteten sie mich zum Polizeibüro. Dort angekommen, in Begleitung von Pater Martin und Pater Kombo, erfuhr ich, daß ich verhaftet sei. Man klagte mich an, auf illegale Weise in das Land eingereist zu sein. Es war offensichtlich – auf meinem Visum fehlte der Stempel. Da der Stempel nicht vorhanden war, schlossen sie nach kommunistischer Logik, daß ich nachts in einer Schaluppe oder schwimmend den Kongo erreicht haben müßte.
Es folgten lange Verhöre, bei denen man versuchte, mich in Widersprüche zu verwickeln. Ich sah klar, daß der Beweggrund für meine Festnahme derselbe wie in Jugoslawien war: meine Predigten und Gebete.
Die Zeichen, die uns der HERR schenkte und die SEIN WORT bestätigten, widersprachen – obwohl ich während meiner Vorträge niemals von Politik sprach – den Lehren der marxistischen Regierung.
Ich lachte, als ich an die Furcht und die Sorgen dachte, die ihnen dieser Jesus, den sie für tot hielten, verursachte. Sie trafen so viele Vorsichtsmaßnahmen, daß sie den Eindruck erweckten, als ob sie an seine Auferstehung glaubten.
Während des Verhörs, das zweieinhalb Stunden dauerte, fragte man mich sogar, ob ich die Gewohnheiten hätte zu lügen. Man fragte mich auch, ob der Vatikan mit meinem Dienst einverstanden sei. Eine Marxistische Regierung wachte also anscheinend über die kirchliche Legalität meiner Mission!
Dann wurde Pater Kombo verhört, anschließend Pater Martin. Während Pater Martin vernommen wurde, war ich mit Pater Kom-

bo beisammen und erzählte ihm die lustigen Begebenheiten und die Abenteuer meines Dienstes. Der Pater lachte, und ich war glücklich. Unsere Wächter ärgerten sich jedoch, als sie uns so glücklich sahen, und isolierten uns – jeden in eine Ecke. Wir ähnelten Kindern, die in der Schule gestraft werden. Dies war der Grund, daß wir noch mehr lachten; denn wir wußten nicht, daß es verboten sei, im Gefängnis fröhlich zu sein.

Nach Mitternacht, von den Mücken halb aufgefressen, tat ich etwas, wozu ich bisher keine Gelegenheit gehabt hatte, es mit soviel Aufrichtigkeit zu tun wie jetzt. Das Evangelium fordert uns auf, auch für diejenigen, die uns verleumden und verfolgen, zu beten. So betete ich denn im Gefängnis fünf Rosenkränze für die Agenten der Nationalen Sicherheit.

Um fünf Uhr morgens kehrte ich – ohne Reisepaß – in die überwachte Residenz der Jesuiten zurück. Jedes Erscheinen in der Öffentlichkeit war mir verboten worden. Man unterrichtete mich darüber, daß man mich Montag nachmittag einem weiteren Verhör unterziehen würde.

Ich legte mich nieder und versuchte zu schlafen. Gegen drei Uhr nachmittgs stand ich, gut ausgeruht, auf. Da legte der HERR eine Botschaft, die mir Licht brachte, in mein Herz. Dieses WORT tönte in mir ganz klar wie eine Prophetie:

„Glaubst du nicht, daß es normal ist – nachdem du die Berauschtheit des Palmsonntags geschmeckt hast – auch ein wenig die Karwoche zu schmecken?“

Ich antwortete:

„Sehr gut, HERR, vorausgesetzt, daß wir nicht bis zum Karfreitag kommen.“

All dies war nur ein Mittel, um die Glaubenskundgebungen, die für Montag nachmittag und für Dienstag im Stadion vorgesehen waren, zu verhindern. Den Regierungsleuten gingen die vielen Heilungswunder, die dem kongolesischen Volk von neuem bewiesen, daß das Evangelium wahr und Jesus der Messias ist und daß man auf keinen anderen Erlöser zu warten brauche, auf die Nerven.

In dieser ersten Nacht des Verhörs begriff ich angesichts des Tribunals der Sicherheitsagenten viel besser die Bosheit Satans und die Stupidität der Menschen, die sich von falschen Ideologien mißbrauchen lassen.

Nur Jesus rettet uns!
In der darauffolgenden Nacht kam man wieder, um mich für eine dreistündige Vernehmung zu holen. Am Dienstag nachmittag kamen die Einwohner in großen Scharen in das „Stadion der Revolution", weil sie glaubten, es würde eine Danksagungsmesse mit Gebet für die Kranken zelebriert werden. Es kamen sogar Leute bis aus Kamerun und Zaire. Als sie erfuhren, daß ich verhaftet sei, wurden sehr viele feindliche Kommentare gegen die Regierung laut.
Schließlich, am Dienstag abend, dauerte das letzte Verhör von 19.30 Uhr bis 22 Uhr. Man sagte mir, ich bekäme am nächsten Morgen meinen Reisepaß. – Zu wiederholten Malen hatte mich der Erzbischof besucht. Er war infolge dieser Ereignisse sehr bedrückt, ebenso die Jesuiten-Patres. Mittwoch, am 12. Oktober um 10 Uhr, entließ man mich endlich wieder in die Freiheit. Wir nahmen zusammen mit den Patres die letzte Mahlzeit ein, und um 13 Uhr schiffte ich mich wiederum Richtung Zaire ein: – Es lebe die Freiheit!
In Zaire hatte ich ein dreitägiges Treffen mit den Leuten der Erneuerungsbewegung. Vor dem Kongreß ging ich – in Begleitung des Paters Guy – den Kardinal Malulla von Kinshasa besuchen. Der Kardinal zeigte sich sehr liebenswürdig und aufmerksam. Ich erzählte ihm rasch, was der HERR im Kongo getan hatte. Als ich von der Heilung der beiden Taubstummen, der fünf Gelähmten, der beiden Blinden und der vielen anderen Kranken berichtete, hörte er mit weit aufgerissenen Augen zu. Mit großer Sympathie fragte er mich dann:
„Aber, Pater, wie erklären Sie sich das?"
– *„Ich glaube ganz einfach, daß das Evangelium wahr ist"*, gab ich ihm zur Antwort.
Er erwiderte sofort:
„Sie werden öffentlich die Eucharistie für die Kranken zelebrieren. Ich werde den „Palast des Volkes" anfordern, damit es genügend Platz für alle gibt. Am Sonntag abend nach dem Treffen für die Leiter der charismatischen Bewegung werden wir die heilige Eucharistie gemeinsam für die Kranken feiern. Ich werde es in allen Kirchen der Stadt bekanntgeben."
So feierten am Sonntag nachmittag auf der Esplanade des Volkspalastes, dort, wo der Papst einst die Eucharistie zelebriert hatte, der Kardinal und andere Priester, gemeinsam mit mir, vor zehntausend Menschen die heilige Eucharistie für die Kranken. Dieser hochele-

gante riesige Palast, auf dessen Esplanade tausend Fahrzeuge Platz haben, wurde von Mao Tse-tung finanziert, um das Volk zum Marxismus zu bekehren.
Diese Esplanade wurde nur zweimal benutzt: für die Meßfeier des Papstes und für unsere. – Sogar die Feinde des Evangeliums beugen ihre Knie vor *JESUS!* –
Ich habe nun geschildert, was ich in zehn Jahren in fünf Kontinenten in der Erneuerungsbewegung erlebt habe; und vor allem das, was mir gerade jüngst im Kongo widerfuhr. Der HERR segnete uns außerordentlich, so daß man mich um eine weitere Eucharistiefeier für die Kranken am Montag nachmittag bat.
Diesmal übertraf die Menschenmenge bei weitem die Zahl 30 000. Ich erinnerte mich an die Prophetie des HERRN in Pimentel, als ich ihn fragte, warum er uns so viele Leute schicke: *„Evangelisiert mein Volk – ich will ein Volk des Lobpreises!"* –
Bei dieser zweiten heiligen Messe gab es schöne Heilungsberichte von Personen, die am Sonntag nachmittag von Gott angerührt worden waren. Die lichtvolle Herrlichkeit des HERRN war immer da! – Zum Abschluß, gegen 19 Uhr, als es gerade zu regnen begann, erteilte der Kardinal den Segen. Monatelang hatte es in Zaire nicht mehr geregnet. Die Leute kehrten nun singend und glücklich nach Hause zurück; denn in diesem Regen sahen sie einen weiteren Segen Gottes.
„Die Wüste und das trockene Land sollen sich freuen, die Steppe soll jubeln und blühen. Sie soll prächtig blühen wie eine Lilie, jubeln soll sie, jubeln und jauchzen." (Jes 35, 1-2)
Dieser Brief, der etwas lang geriet, vermittelt Euch eine Vorstellung des kleinen Büchleins, das ich vorbereite, um von der Lebensfreude und von dem zu sprechen, was ich seit dem Tag meiner Heilung vor 10 Jahren gesehen und gehört habe. Mit meiner Heilung empfing ich die Gnade, die Macht des Gebetes und die Gegenwart des HEILIGEN GEISTES, mehr als je zuvor, in der Kirche von heute zu entdecken. Ich danke dem HERRN, daß ich zusammen mit Euch allen dieses neue Pfingsten erleben darf.
Ich segne Euch von ganzem Herzen!
Bleiben wir immer im Gebet vereint!"

9. Die letzte Reise

Ich will dieses Buch abschließen, indem ich eine letzte Begebenheit erzähle. Nach einer Reihe von Freizeitkongressen in Polynesien warf ich mich im Flugzeug in den Polsterstuhl, um mich endlich auszuruhen. Während das Flugzeug über die Wolken aufstieg, so daß ich den Eindruck hatte, fast den Himmel zu berühren, hörte ich den Beginn eines Liedes von einer Cassette mit John Littleton:
„Deine Reisen sind nicht zu Ende, deine Reisen sind nicht zu Ende, sie haben erst begonnen ... !"
Diese Worte drangen in mein Herz wie eine Prophetie, und ich sagte mit lauter Stimme: „Amen!" – Der Mann, der neben mir saß und in einer Zeitung las, sah mich über seine Brillenränder an und dachte wohl, ich sei ein Verrückter, der mit sich selbst spräche ...
Gewiß, meine Reise begann vor fünfundfünfzig Jahren, als ich durch einen Akt der unendlichen und ewigen Liebe Gottes auf die Welt kam. Jetzt habe ich die Rückreise zur endgültigen Heimat, dem himmlischen Jerusalem, angetreten, wo es weder Trauer noch Tränen gibt, weder Schluchzen noch Krankheit, noch Tod. Jeden Tag bin ich dem HAUSE näher, dessen Tore immer geöffnet sind, wohin der gute Jesus uns vorausging, um uns einen Platz bei den Heiligen zu bereiten.
Ich träume von dem Morgen, an dem ich vor den Toren aus Quarz und den Mauern aus Jaspis ankomme. Ich sehe mich schon in den Straßen von Gold wandeln, ebenso wie am Strand des Kristallmeeres des Neuen Jerusalems, das mit roten Rubinen, mit grünen Smaragden und gelbem Topas geschmückt ist. Ich werde im Wasser des Lebens, das wie Silber glänzt, baden; im Wasser des Lebens, das aus dem Thron des Lammes hervorquillt, neben Bäumen, die zwölfmal im Jahr Knospen treiben und heilsame Früchte hervorbringen.
Die Reise hat schon begonnen, und es gibt keine Umkehr mehr. So wie der Hirsch nach frischem Wasser schreit, so sehnt sich wehmutsvoll mein Leib nach dem „Wasser des Lebens"; mein Herz jedoch jubelt vor Freude – denn Gott lebt! – Ein Wirbelwind zieht mich nach dem Jerusalem in der Höhe – immer stärker! Jedoch – und einzig und allein aus einem Grund möchte ich, daß die Reise noch länger dauern möge: wegen des berauschenden Gefühls, das mich erhoffen läßt, worauf ich warte.

In einem Augenblick, beim Schalle der Trompete, werde ich IHN von Angesicht zu Angesicht schauen. Ich werde dann SEIN sein – und ER wird mein sein, nahe den Mauern von Zion.
Eine persönliche Einladung, ich möge an der Hochzeit des Lammes teilnehmen, habe ich erhalten; sie ist mit dem Blut des Lammes geschrieben. Die Braut wurde mit Gaben und Charismen herausgeputzt und mit einem Diadem von Sternen und der Sonne geschmückt. Ihr Kleid ist mit Tugenden übersät, und ihre Augen strahlen, erleuchtet von dem flammenden Licht des Geliebten.
In diesen letzten Jahren war ich Zeuge der Werke der Liebe und der Barmherzigkeit unseres Gottes. – Wenn ER schon in seinen Werken so groß ist, wie groß wird ER erst selber sein! Wenn die Strahlen seines Erbarmens schon so hell und glänzend sind, wie erst wird ER selbst, die Sonne der Gerechtigkeit, sein!
Ja, im Glauben nimmt man seine Gesichtszüge wahr; wie wird ER erst von Angesicht zu Angesicht sein –, im Anblick, der nicht täuscht.
Mein HERR und mein Gott, ich will Dir, nur Dir, diese letzten Worte sagen:
„HERR, Du hast mich erforscht, und Du kennst mich.
Ob ich sitze oder stehe, Du weißt von mir.
Von ferne erkennst Du meine Gedanken.
Ob ich gehe oder ruhe, es ist Dir bekannt;
Du bist vertraut mit all meinen Wegen. Noch liegt mir das Wort nicht auf der Zunge –
Du, Herr, kennst es bereits.
Du umschließt mich von allen Seiten und legst Deine Hand auf mich.
Zu wunderbar ist für mich dieses Wissen, zu hoch, ich kann es nicht begreifen.
Wohin könnte ich fliehen vor Deinem Geist,
wohin mich vor Deinem Angesicht flüchten?
Steige ich hinauf in den Himmel, so bist Du dort,
bette ich mich in der Unterwelt, bist Du zugegen.
Nehme ich die Flügel des Morgenrotes und lasse mich nieder am äußersten Meer, auch dort wird Deine Hand mich ergreifen und Deine Rechte mich fassen.
Würde ich sagen: ‚Finsternis soll mich bedecken, statt Licht soll Nacht mich umgeben,'
auch die Finsternis wäre für Dich nicht finster,

die Nacht würde leuchten wie der Tag, die Finsternis wäre wie Licht. Denn Du hast mein Inneres geschaffen, mich gewoben im Schoße meiner Mutter.
Ich danke Dir, daß Du mich so wunderbar gestaltet hast.
Ich weiß: Staunenswert sind Deine Werke. Als ich geformt wurde im Dunkeln, kunstvoll gewirkt in den Tiefen der Erde, waren meine Glieder Dir nicht verborgen. Deine Augen sahen, wie ich entstand, in Deinem Buche war schon alles verzeichnet; meine Tage waren schon gebildet, als noch keiner von ihnen da war.
Wie schwierig sind für mich, o Gott, Deine Gedanken,
wie gewaltig ist ihre Zahl!
Wollte ich sie zählen, es wären mehr als der Sand. Käme ich bis zum Ende, wäre ich noch immer bei Dir."

(Ps 139, 1-18)

Bibelzitate aus:
Die Bibel (Einheitsübersetzung)
Jerusalemer Bibel
Die Heilige Schrift (J. Franz von Allioli)